Sébastien Japrisot

La course
du lièvre à travers
les champs

Denoël

À dix-huit ans, Sébastien Japrisot publie sous son vrai nom (Jean-Baptiste Rossi) son premier roman, *Les mal partis*. Après une période où il écrit directement pour le cinéma (*Le passager de la pluie*), il revient à la littérature avec *L'été meurtrier* (prix des Deux-Magots 1978). Il a écrit depuis plus de dix romans qui ont tous connu le succès dont *Un long dimanche de fiançailles*, prix Interallié.

Sébastien Japrisot est décédé en 2003.

Nous ne sommes, mon amour, que des enfants vieillis qui s'agitent avant de trouver le repos.

Lewis Carroll

Il est une fois — je veux dire une seule fois pour chacun de nous — le Vieux Port de Marseille par une fin d'après-midi ensoleillée.

Ce pourrait être ailleurs — à Barcelone, à Naples ou à Hong Kong — mais enfin, c'est à Marseille que je suis né.

Près du Vieux Port, il y a la Cathédrale, et dans le quartier populaire qui est derrière, une rue, et dans cette rue, un camion de déménagement et deux hommes qui en sortent une armoire à glace. Le camion est arrêté devant une vieille librairie vide, dont il ne reste plus que l'enseigne aux couleurs usées mais aussi, collée sur une vitre sale, une affiche qui représente un chat sur un arbre, un chat qui sourit de toutes ses dents.

Sous ce sourire se tient un petit garçon de dix ans, l'air mélancolique et désœuvré.

Il est habillé comme pour un dimanche, avec un veston de velours prune à gros boutons blancs. Il est adossé à l'entrée de la librairie, près de sa mère et de sa petite sœur qui a sept ans. Sa mère a trente ans, des cheveux très blonds, et elle serre sa petite fille contre elle. La petite fille est blonde elle aussi, avec une jolie robe blanche.

C'est cette femme, seule avec ses deux enfants, qui emménage dans la boutique, et il y a sur son visage l'empreinte d'une vie malheureuse.

Pour laisser entrer les déménageurs qui portent l'armoire à glace, elle s'écarte en tirant par le bras son petit garçon. Un instant, tous les trois se reflètent dans le miroir.

Et puis, elle se penche vers le gamin.

La mère. Titou, va jouer dehors. Fais-toi un ami.

Le petit garçon obéit à contrecœur. Il serre dans sa main droite un sac de billes. Il s'avance sur le trottoir de la rue en regardant fixement, par terre, une boîte d'allumettes vide.

Il se baisse pour la ramasser.

Le pied d'un autre gamin lui apparaît brusquement et écrase la boîte.

Titou se redresse et voit, devant lui, trois garçons de son âge, ou un peu plus grands, qui le regardent d'un air hostile. Ils sont vêtus pauvrement et ils ont la peau très brune. Le plus âgé d'entre eux porte à une oreille un anneau doré.

Titou recule car il n'est pas de taille à se défendre. Puis il leur tourne le dos et s'éloigne précipitamment. Il monte en courant les escaliers d'une ruelle, son sac de billes à la main.

Il s'arrête presque aussitôt : d'autres gamins, d'une bande différente, sont assis sur les dernières marches et lui barrent le passage.

Ils sont quatre garçons et deux filles. L'une des filles tient une poupée dans ses bras, l'autre mange un morceau de tarte. L'un des garçons joue avec une petite balle de caoutchouc.

Tous restent immobiles à regarder le nouveau venu dans son veston de couleur prune, et puis Titou s'approche et les garçons se lèvent un à un, pour lui faire face avec une lenteur qui a l'étrangeté du rêve, des choses passées, des choses perdues.

Titou s'arrête devant l'aîné de la bande, celui qui semble le chef. Il essaie de sourire. L'autre l'examine sans aménité mais sans hostilité non plus. On devine un garçon calme, habitué à se débrouiller tout seul et à en imposer aux autres.

Pour être copain, pour se faire accepter, Titou lui tend alors à bout de bras, naïvement, son sac de billes.

L'autre regarde ses compagnons, sort de sa poche un petit canif à manche rouge et, du bout de la lame, il déchire simplement le sac.

Les billes, de toutes les couleurs, se déversent à ses pieds. Quand elles éclatent sur les marches et rebondissent en tous sens, on n'est plus à Marseille.

On est dans une gare, bâtie en bois, à la frontière des États-Unis et du Canada. De grands espaces l'environnent. C'est un matin, très tôt, et le soleil à l'horizon est un disque rouge.

Il y a trois hommes sur le quai, loin les uns des autres, immobiles.

Tout est terriblement immobile.

L'un des hommes est appuyé contre un mur du bâtiment et joue d'une sorte de pipeau. Il a vingt ans, des vêtements de misère, des cheveux longs jusqu'aux épaules, et un bandeau de cuir clouté d'or lui enserre le front.

Ses deux compagnons sont debout au bord du trottoir de bois. L'un porte un chapeau noir, à calotte ronde. L'autre, en blue-jean délavé, est couvert de bijoux.

Ils ont tous les trois la peau cuivrée.

Ils sont de ceux qu'on appelle « gitans » en Europe, et « gypsies » en Amérique.

Ils attendent, pareils à des indiens.

Et puis, quelque chose bouge dans le paysage. On ne l'entend pas encore, rien ne vibre dans l'air que les notes du pipeau, mais un train a surgi au bout de la voie.

Il vient très vite, avec un éclat de métal, et soudain sa sirène déchire la mélodie.

C'est un train tout en acier de la Canadian Pacific. Tandis qu'il ralentit pour entrer en gare et s'immobilise en douceur le long du quai, les gitans ne bougent pas. Ils surveillent des yeux les portières, d'un bout à l'autre du convoi. Ils attendent manifestement quelqu'un qui doit descendre. Mais personne ne descend.

Du moins, pas de leur côté.

A contre-voie, une portière s'ouvre. Une main jette une valise, un veston sur le ballast, et un homme apparaît.

Il a trente ans et un air traqué. C'est Tony Cardot.

Au moment où il saute sur le sol et se penche pour attraper sa valise, la lame d'un couteau à cran d'arrêt jaillit devant ses yeux avec un déclic.

Deux autres gitans sont là. Celui qui tient le couteau est le plus richement habillé : pantalon de velours noir, gilet brodé. Il porte à l'oreille un anneau d'or. Le second garde une main dans la poche de son veston usé. On devine qu'il braque le canon d'un revolver sur Tony, à travers le tissu.

L'homme au couteau. Antoine Cardot ?

Sans conviction, Tony fait non de la tête.

Du bout de sa lame, le gitan lui entrouvre sa chemise : Tony a la poitrine bandée. Un peu de sang séché tache le pansement.

L'homme au couteau. Nos frères de New York ont été maladroits. Mais ta longue route s'arrête ici, Tony.

Tony. Écoutez-moi. C'était un accident ! Même le tribunal l'a dit !

L'homme au couteau. Nos lois sont différentes, Tony. Viens, sois courageux.

Tony recule d'un pas, mais l'autre gitan le retient. Les trois hommes qui se trouvaient sur le quai sont maintenant du même côté du train, à l'avant. Derrière eux, arrêtée sur un terre-plein, il y a une énorme limousine qui a dû être superbe dans les années trente, avec une marguerite stylisée, jaune et rouge, peinte sur la portière.

L'homme au couteau. Viens. Ne m'oblige pas à faire ça ici.

Tony esquisse un mouvement pour ramasser sa valise et son veston.

L'homme au couteau (le poussant). Tu n'en auras plus besoin.

Tony avance vers l'avant du train, serré de près par les deux hommes.

C'est le moment où la locomotive se remet en marche.

Tony voit défiler, derrière les vitres du wagon, des visages inconscients de ce qui se passe.

La portière qu'il a utilisée pour descendre est restée ouverte et arrive à sa hauteur. Alors, brusquement, il bouscule les deux gitans et bondit dans le train.

Il ne fait que traverser le couloir, ouvre la portière opposée, se jette en marche de l'autre côté de la voie. Il cabriole du haut en bas d'un remblai, se relève dans l'herbe d'une prairie. Des champs et des bois s'étendent à perte de vue.

Il joue sa dernière carte et ne regarde pas derrière lui. Il fonce en courant à travers la campagne. Courant et courant à perdre haleine, il saute par-dessus une haie, dévale une prairie en pente.

Plus loin, exténué, il s'enfonce dans les frondaisons rouges d'un bois.

Plus loin encore, il marche au bord d'une autoroute, à quarante miles de Montréal. Il fait des signes désespérés pour arrêter les voitures qui passent à toute allure. Finalement, un lourd camion ralentit et stoppe sur le bas-côté. Juste le temps pour Tony d'ouvrir la portière et de s'engouffrer dedans.

La valise et le veston de Tony sont violemment jetés à terre, aux pieds de l'homme au couteau.

Ce dernier est debout près de la grosse limousine démodée, arrêtée à quelque distance de la gare, au bord des voies désertes. Les autres sont autour de lui.

Celui qui a jeté par terre les affaires de Tony est le gitan couvert de bijoux. Il parle avec colère, dans leur langue.

Le Gitan. Nous sommes cinq! Cinq! Et il nous échappe!

L'homme au couteau. Nous ne sommes pas cinq. Nous sommes cent, nous sommes mille, nous sommes des milliers!

Il attrape la valise de Tony et l'ouvre brutalement. Il en répand le contenu sur le sol.

L'homme au couteau. Eh bien, qu'attendez-vous?

Les autres se mettent à détruire consciencieusement ce qui appartenait au fugitif.

L'homme au couteau. Où qu'il aille nous y serons! C'est un homme mort!

Et pour donner plus de force à ce qu'il dit, il déchire d'un grand coup, en deux, le veston de Tony.

LE LIT-CAGE

Tambours et trompettes.

Sur une vaste pelouse entourée de bâtiments rouges de l'ère victorienne, au milieu de drapeaux multicolores, des majorettes sont à la parade.

Celle qui les conduit tient une épée dans la main droite. Elle est très blonde, pénétrée de son importance, et son costume — bottes, mini-robe et shako — est blanc à galons d'or.

Elle avance d'un pas militaire, cassant, virevolte sec en faisant tournoyer une magnifique chevelure, mais pas un trait de son visage ne bouge. Elle ne regarde ni les mouvements de sa troupe ni les badauds groupés aux bords de la pelouse. Elle ne regarde qu'en elle-même.

On est à Westmount, l'un des quartiers élégants de Montréal[1].

Tony Cardot, lui, se trouve au même moment à l'autre bout de l'immense cité. Le camion qui l'avait pris en stop a dû le laisser sur les rives sud du Saint-Laurent car c'est à pied qu'il franchit les derniers

---

1. Dans le film, c'est sur cette parade, et plus particulièrement sur les évolutions de la majorette blonde, que défile le générique.

miles qui le séparent de la ville. Harassé, en chemise blanche salie, cravate défaite, il marche, solitaire, sur le gigantesque pont Jacques Cartier qui enjambe le fleuve.

Loin devant lui, à travers le tablier métallique du pont, il peut voir les hauts buildings de Montréal. En bas, sur l'île Sainte-Hélène, une énorme boule de verre scintille au soleil : le pavillon construit par les États-Unis pour l'exposition « Terre des Hommes ».

Tony fait encore de vagues signes pour arrêter un automobiliste dans le flot indifférent qui roule dans le même sens que lui. Mais il n'y croit plus.

Et c'est alors qu'il n'y croit plus qu'une voiture, tout à coup, stoppe à sa hauteur, si brusquement que les véhicules qui suivent heurtent leurs pare-chocs.

C'est la limousine à la marguerite.

Une portière arrière s'ouvre, l'homme au couteau surgit, le bras déjà levé pour lancer son arme. Tony n'a que le temps de se baisser, esquivant le coup, et il s'élance aussitôt, à corps perdu, dans la direction opposée à celle qu'il suivait, laissant derrière lui Montréal et un concert d'avertisseurs.

Les gitans, pour le rattraper, n'ont qu'une ressource : continuer tout droit et faire demi-tour à l'extrémité du pont. Plus de deux miles.

Ils le font. Quand ils reviennent à la hauteur de Tony, celui-ci a couru et couru tant qu'il le pouvait. Il a juste assez de force pour faire à nouveau volte-face et repartir en sens inverse.

Les gitans accélèrent, virent sur les jantes à l'autre extrémité du pont, reviennent encore.

Tony, pendant ce temps, n'a parcouru que

quelques centaines de mètres. Il n'en peut plus. Il sent la limousine à la marguerite dans son dos, et presque le froid brutal d'une lame.

Une bretelle de l'autoroute, au milieu du pont, descend en une longue courbe vers l'île Sainte-Hélène. Il s'y engage. Ses jambes le portent, exténué, vers la boule à mille facettes qui brille dans le soleil.

Derrière lui, la voiture des gitans vire à son tour, prend le même chemin.

Un talus verdoyant. Tony l'escalade.

Une barrière métallique. Il s'y accroche, se hisse, la franchit.

La limousine à la marguerite arrive devant cette barrière alors que lui, Tony, par une porte ouverte comme un trou de souris, s'engouffre dans le globe géant.

A l'intérieur, c'est le silence, l'immensité d'une cathédrale du futur, abandonnée, morte. Il y a plusieurs niveaux, des escaliers mécaniques arrêtés, et puis rien.

Tony n'entend, monstrueusement amplifiés, que ses propres pas. Il grimpe les marches d'un des escaliers, se traîne le long d'une rampe au premier niveau. Il voudrait encore courir. Dieu sait où.

C'est alors qu'un coup de feu l'arrête net.

Ce coup de feu dans son dos, il l'attendait. Il est tout surpris de ne pas le sentir, d'être vivant. Ce n'est pas sur lui qu'on a tiré.

Dans la même seconde, tournant la tête, il découvre sur un autre escalier mécanique, au-dessus de lui, un homme tenant un revolver qui titube sous les balles venant du rez-de-chaussée, —

coups de tonnerre sous l'immense voûte —, et qui s'écroule sur les marches.

Comme un pantin, l'homme dégringole le long de l'escalier et s'abat aux pieds de Tony.

C'est à nouveau le silence, un silence inquiétant.

L'inconnu a lâché son arme. Il gémit et ouvre les yeux. Après un instant de stupeur, Tony s'agenouille près de lui.

L'inconnu. Vous êtes médecin ?

Tony. Non.

L'inconnu. Alors, allez-vous-en.

Il essaie de bouger mais ne le peut plus. Il parle d'une voix faible, sans timbre.

L'inconnu. Écoutez-moi... (Tony se penche davantage.) Charley veut être plus malin que tout le monde ! Toboggan est déjà morte (Sa main se crispe sur le bras de Tony.) Vous entendez ? Toboggan s'est suicidée !

Tony. Attendez, je vais vous aider.

Il essaie de soulever l'inconnu.

L'inconnu. Seigneur ! Non !... Mon portefeuille ! Dans ma poche.

Tony tire un portefeuille d'une poche du blessé. Une enveloppe, dont les bords dépassent, est insérée dedans.

L'inconnu. Ouvrez l'enveloppe.

Ce que fait Tony. Il y a trois liasses de billets neufs à l'intérieur : des billets verts, des dollars.

L'inconnu. Prenez-les.

Tony entend, au loin, une sirène de police. Il fourre l'argent sous sa chemise, ne sait que faire du portefeuille et de l'enveloppe, les met dans sa ceinture.

L'inconnu. Payez-vous du... bon temps...

Sa tête retombe, yeux ouverts.

Aussitôt, tout près, des pas retentissent. Tony se précipite vers l'escalier, pour fuir.

Une voix (derrière lui). Stop !

Il obéit et se retourne. Il fait bien. Ils sont deux, en complet d'été, et l'un des deux, le plus jeune, le tient en joue avec un Luger. L'autre, un grand gaillard brun, sort une paire de menottes de sa poche.

Le grand brun. Descends.

Tony obéit encore, mains à moitié levées.

Le grand brun l'attrape et lui passe les menottes.

Tony. Vous vous trompez. Ce n'est pas moi qui l'ai tué !

Le jeune homme au Luger — il paraît à peine vingt ans — lance un sourire ironique à son compagnon.

Le jeune homme. C'est pas lui qui l'a tué !

Le grand brun se penche sur le mort, ramasse le revolver tombé près de lui et fouille ses vêtements.

Il se relève sans avoir rien trouvé.

Le grand brun. Où est le portefeuille ?

Tony. Là.

Le grand brun tire le portefeuille de la ceinture de Tony — l'enveloppe vide insérée dedans — et il le rentre dans sa poche sans même le regarder. On entend plus fort les sirènes de police.

Tony. Je ne l'ai pas pris. C'est lui qui me l'a donné.

Le grand brun. Tu t'expliqueras plus tard.

Il pousse Tony vers le rez-de-chaussée.

En bas, il semble que les sirènes sont partout.

Une grande voiture noire, d'un modèle récent, est arrêtée devant le globe de verre.

On ouvre une portière arrière, on jette Tony à genoux entre les sièges, sans ménagement. L'homme au revolver saute à côté de lui et le grand brun, déjà au volant, démarre en force.

La capote automatique de la voiture noire se déplie dans le ciel et se rabat dans son coffrage.

Tony est à genoux, la tête sur le siège arrière. Le jeune homme assis près de lui a rentré son revolver et hume le vent avec satisfaction.

Le jeune homme. C'est mieux comme ça !

Le grand brun accélère.

On est sur une route déserte du Québec, entre deux forêts. C'est l'après-midi, un après-midi ensoleillé de l'été indien.

Tony. Vous n'êtes pas de la police !

Le grand brun. Qu'est-ce qu'il dit ?

Le jeune homme. Il veut que je l'étrangle !

Le grand brun. Pas encore. Il faut que Charley le voie !

Le vent emporte leurs paroles et ils doivent crier pour s'entendre.

Le jeune homme sortant une cigarette, se relève avec précaution, debout dans la voiture, et se penche par-dessus le siège avant pour prendre l'allume-cigares.

Tony a tourné la tête et le regarde faire, tout près de lui.

Avec la soudaineté d'un animal qui voit le piège s'ouvrir, il passe le haut du corps sous le jeune homme et il se redresse de toutes ses forces, l'arrachant du plancher.

En plein déséquilibre, le jeune homme bascule hors de la voiture en hurlant : « Rizzio !... »

Tony se retourne déjà vers l'avant et tente d'envoyer ses bras par-dessus la tête du grand brun, pour l'étrangler avec ses menottes, mais il n'y parvient pas. Freinant à mort, l'autre l'attrape d'une main solide et s'accroche à lui.

La voiture tangue d'un côté à l'autre de la route. Elle finit par stopper en travers.

L'homme qu'on vient d'appeler Rizzio se dégage brusquement et met en joue Tony avec son revolver. On sent qu'il a toutes les peines à se retenir d'appuyer sur la détente.

Rizzio. Sors de là !

Il sort lui-même et tire Tony hors du cabriolet. Il le pousse devant lui et ils courent vers l'endroit où est tombé son compagnon.

Le jeune homme est à genoux dans un fossé, le veston déchiré, les deux mains sur la tête et la tête en sang.

Rizzio. Paul !... Paul !... (A Tony :) aide-le, toi !

Soutenu par les deux autres, Paul se remet debout. Il les écarte aussitôt.

Paul. Oh, ça va ! ça va !...

Tony recule sur la route, menottes aux poignets. Paul le regarde avec haine. Il attrape son Luger que Rizzio vient de ramasser sur le bitume, mais son compagnon lui retient le bras avant qu'il fasse feu.

Rizzio. Non ! C'est Charley qui décide.

Furieux, Paul se détourne et revient en titubant vers la voiture.

Du cabriolet noir, qui vient de stopper, ils descendent tous les trois.

Ils sont près d'une écluse, sur un bras du Saint-Laurent. Il y a quelques maisons, un ponton où des bateaux sont amarrés, deux vieilles pompes à essence — et tout autour, c'est le fleuve et les arbres.

Ils se dirigent vers le ponton. Tony et Rizzio soutiennent Paul qui s'est essuyé le visage mais ne tient plus debout.

A quelque distance d'eux, un homme en bleu de travail est accroupi par terre, en train de démonter un pneu. Il les regarde passer.

L'homme (de loin). Il est malade ?

Rizzio fait signe que non.

Ils descendent dans un vieux canot à moteur arrimé le long du ponton. Il y a deux banquettes pour s'asseoir. A nouveau, Rizzio prend le volant et les deux autres se placent derrière.

L'homme au pneu continue de les observer. Mais à présent, c'est Tony Cardot qui occupe toute son attention.

Il suit des yeux le canot qui se met en marche et s'éloigne de l'embarcadère. Dans ce mouvement, il se tourne du côté du soleil : un éclat de lumière fait briller le grand anneau d'or qu'il porte à l'oreille.

Il se lève et, tout en se retournant vers le canot, il entre dans la baraque vitrée du poste à essence.

Derrière la vitre, il décroche le téléphone.

Tony, attentif, surveille Paul à côté de lui, Paul mal en point qui a fermé les yeux.

25

Il se rapproche avec beaucoup de précaution, voulant tenter quelque chose — peut-être de lui prendre son Luger, dans la poche de sa veste.

Le canot va vite, soulevant un large sillage. Le fleuve est parsemé d'îles verdoyantes où de rares maisons se nichent sous les arbres.

Rizzio jette un coup d'œil derrière lui.

Rizzio. Paul !

Paul rouvre instantanément les yeux, droit sur Tony. Celui-ci est à nouveau immobile.

Rizzio regarde les bras d'eau, de plus en plus étroits, qui les entourent.

Rizzio. C'est plein de canards, par ici... J'aimerais bien chasser le canard, une fois.

Paul continue de regarder fixement Tony, avec une haine mal contenue.

Paul. C'est un maudit Français.

Rizzio. Oui. Plein de canards.

Un homme de grande taille, aux membres épais, au nez cassé de boxeur, est planté sur un ponton de bois et regarde venir le canot : c'est Mattone.

Rizzio, moteur coupé, lui lance un filin d'amarrage. Il l'accroche au ponton, tout en examinant Tony.

Rizzio. On a eu Renner.

Mattone (montrant Tony). Qui c'est celui-là ?

Rizzio. Un témoin.

L'endroit est une petite île sur le Saint-Laurent, loin de tout. Une prairie verdoyante monte en pente douce vers une maison de bois à véranda, peinte en blanc, qui date du siècle dernier.

A quelque distance de là, coiffée d'un chapeau, une silhouette monte la garde, immobile, avec un fusil.

Il y a beaucoup d'arbres autour de la maison. Et aussi une grange et plusieurs pancartes indiquant que c'est une auberge, mais sur lesquelles on a cloué des planches :

CLOSED — FERMÉ

Tout cela, Tony le voit en quittant le canot et en faisant ses premiers pas sur le ponton.

Mattone le pousse vers la véranda, menottes aux poignets.

Mattone. Charley va pas être content.

Derrière eux, Rizzio aide Paul à sortir du canot et le soutient pour marcher. Paul, visiblement, va de plus en plus mal.

Rizzio. Allez, t'en mourras pas, va.

Paul. Dix dollars que oui.

Rizzio. Tenu.

Une femme, au même moment, regarde, à travers une vitre de la cuisine, les quatre hommes qui approchent de la maison.

Elle a trente-cinq ans, une beauté animale, le visage et les yeux impassibles de quelqu'un qui a beaucoup supporté.

Par-dessus sa jupe, elle porte un petit tablier de toile.

On l'appelle Sugar.

Elle se détourne et ouvre un four. Elle en sort une tarte qu'elle pose sur la table.

Mattone pousse brutalement Tony dans la pièce.

Derrière eux, Rizzio et Paul s'engagent dans un escalier de bois qui mène à l'étage.

Sugar détaille le nouveau venu d'un œil indifférent.

Sugar. Qui est-ce ?

Mattone. Un qui va mourir.

Sugar continue de regarder Tony qui a l'air harassé.

Sugar. Il prendra bien une tasse de café avant.

Elle soulève une cafetière au chaud sur l'un des fourneaux et elle sert une tasse. Il y a beaucoup de fourneaux, et la cuisine, qui est habituellement celle d'une auberge, est assez vaste.

Sugar. Qu'est-ce qui lui est arrivé à Paul ?

Elle pose la tasse de café sur la table. Silence. Tony s'assoit.

Mattone. Eh ! On te parle ! Qu'est-ce qui lui est arrivé à Paul ?

Tony. Il est descendu en marche.

En disant cela, Tony prend sa tasse de café, les poignets toujours liés par les menottes. Au moment où il l'élève vers ses lèvres, une cigarette allumée tombe dedans.

Il repose la tasse. Il lève les yeux. Au-dessus de lui se tient un grand gaillard aux cheveux argentés, au visage tranquille, qui le regarde avec attention, mais sans hostilité. Comme on regarde un insecte.

C'est Charley.

Tony. Vous êtes Charley.

Charley ne répond pas. Avec une force, une brutalité inattendues, il soulève Tony de sa chaise, le balance contre un mur de la cuisine et le fouille de la tête aux pieds, en professionnel.

Tout ce qu'il récolte, c'est un mouchoir et une clef accrochée à un porte-clefs en forme de cœur.

Il s'écarte. Pas de déception sur son visage. Rien. Tony se retourne et s'adosse au mur.

Charley (montrant la clef). Ça ouvre quoi, ça ?

Tony. Ma chambre.

Charley. Où elle est, ta chambre ?

Tony. A Paris.

Derrière Charley, de l'autre côté de la cuisine, il y a Sugar, Mattone et aussi Rizzio qui vient d'entrer.

Charley. Où, à Paris ?

Tony. Rue Notre-Dame-des-Champs.

Silence.

Rizzio (avec fierté). Charley connaît Paris.

Sugar ôte son tablier et va vers la porte.

Sugar. Bien. Moi, je monte voir Paul.

Seuls, les hommes restent dans la cuisine. Charley montre à Tony le portefeuille de Renner, avec l'enveloppe insérée dedans.

Charley. Où est l'argent ?

Tony. Quel argent ?

Charley. Renner t'a donné ce portefeuille vide ?

Tony. Qui est Renner ?

Charley baisse la tête, se maîtrisant. Derrière lui, Mattone fait craquer les jointures de ses doigts. Un bruit d'os très sec.

Mattone. Laisse-le-moi, Charley.

Charley. Non. C'est lui qui tient notre tirelire.

Mattone (avec un air d'envie). Juste un petit coup.

Charley. J'ai dit non. (A Tony :) Qu'est-ce que tu faisais dans cette boule ?

Tony. Je rêvais que je n'y étais pas.

Charley hoche la tête, se maîtrisant toujours.

Peut-être même apprécie-t-il un certain courage chez Tony.

Un coup de feu, au même instant, retentit dehors.

Charley et ses deux compagnons tournent la tête vers la fenêtre et écoutent.

Mattone. C'est Pepper !

Ils réagissent tous les trois avec la soudaineté de gens qui ont l'habitude de vivre constamment en alerte. Charley attrape Tony et le tire hors de la cuisine. Les deux autres sont déjà en mouvement.

Contiguë à la cuisine, il y a la grande salle de l'auberge. Charley repousse Tony vers le centre.

Charley (à Rizzio.) Les flics vous ont suivis ?

Rizzio. On n'a pas vu les flics ! On a juste entendu les sirènes !

Charley s'est dirigé vers un râtelier à fusils, bouclé par un cadenas. Il l'ouvre, se saisit de deux armes et en lance une à Rizzio, qui se précipite hors de la maison.

Charley (à Mattone). Toi, garde-le !

Il parle évidemment de Tony.

Il fonce à la suite de Rizzio.

Après cette flambée de cris et de mouvements, un grand calme règne dans la salle. Elle est immense — plus des deux tiers de la maison — meublée confortablement, dans le style des campagnes américaines.

Il y a un billard, au fond, une table à jeu, une machine à sous. Le centre est occupé par des canapés disposés en carré autour d'une table basse. Il y a plusieurs fenêtres en enfilade et le sol est recouvert de tapis indiens.

Comme dans la cuisine, on sent un certain

abandon. L'auberge n'est sans doute plus ouverte au public depuis longtemps.

Mattone s'avance vers Tony en faisant craquer les jointures de ses énormes mains. C'est un tic. Il a un petit sourire cruel.

Mattone. Problème moral! A-t-on le droit de frapper un prisonnier?

Tony recule, en relevant ses mains liées pour se protéger.

Tony. Charley t'a déjà répondu.

Mattone. Justement.

Il le frappe à l'estomac et l'envoie par terre.

Mattone. Qu'est-ce qu'il a dit, Charley?

Tony se remet debout en s'accrochant à un canapé. Il recule encore, suivi par le boxeur.

Mattone. T'as une belle petite gueule. Tu dois plaire aux femmes. (Un temps.) C'est pas juste.

Il le frappe — au visage cette fois — et le renvoie par terre.

Tony se relève à nouveau, lèvres en sang, en s'accrochant au billard.

Mattone. Où est l'argent de Charley?

Pas de réponse. Le boxeur lance un autre crochet mais Tony le pare des deux bras et c'est lui qui frappe maintenant — un coup de genou au bas-ventre.

Ce n'est pas suffisant pour envoyer Mattone hurlant au tapis, mais Tony, aussitôt, lui attrape la tête entre ses avant-bras et l'entraîne par terre avec lui.

Mattone a saisi les poignets de Tony, qui l'étrangle avec la chaîne de ses menottes, et il veut désespérément les écarter, mais Tony serre sa prise par brusques secousses, il s'aide des genoux et des pieds, il ne le lâche pas.

Et puis, soudain, le canon d'un fusil s'appuie contre sa poitrine. C'est Charley, revenu, planté au-dessus de lui, qui le regarde à nouveau comme on regarde un insecte.

Tony lâche Mattone et se laisse aller à quatre pattes, vidé. Mattone reste assis, reprenant ses esprits, hors de souffle.

Charley (à Tony). Tu commences à exagérer, Froggy.

Il aide Mattone à se relever.

Tony (hargneux). Qu'est-ce que ça veut dire, Froggy ?

Charley. Frog-eater, mangeur de grenouilles. C'est comme ça qu'on appelle les Français.

Mattone veut à nouveau se précipiter sur son adversaire, toujours à terre, mais Charley lui barre le passage avec son fusil.

Charley (sec). Je t'ai dit de le laisser tranquille !

Docile, Mattone recule. Malgré sa force, il se comporte toujours avec Charley comme un écolier brimé.

Mattone. C'est lui qui a commencé.

Tony. C'est pas vrai !

Mattone remet de l'ordre dans ses vêtements et, furieux, il sort de la salle. On l'entend ouvrir la porte d'entrée qui se referme en claquant.

Charley (à Tony). C'était un bon poids lourd, dans le temps.

Tony est toujours au sol, les mains liées. Il a mis toutes ses forces dans la bataille et il n'essaie même pas de se remettre debout.

Sugar, qui vient d'apparaître en bas de l'escalier, l'observe en silence, immobile.

Sugar. Qu'est-ce que c'était, dehors ?

Charley. Pepper a trouvé du gibier.

Sugar prend une serviette dans un meuble, se penche sur Tony et lui essuie le visage.

Tony. J'ai faim.

Elle sourit largement et l'aide à se relever.

Sugar. Il me plaît, ce garçon !

Elle échange un coup d'œil avec Charley, puis elle entraîne Tony vers la cuisine.

Il s'assoit à nouveau devant la table. Elle découpe une large portion de la tarte qu'elle a sortie du four. Accroupie sur les talons, elle reste près de lui à le regarder manger avec appétit.

Sugar. On m'appelle Sugar. (Un temps.) C'est bon, hein ? (Il acquiesce avec enthousiasme.) J'ai eu quatre maris et tous aimaient bien manger.

Tony. Le quatrième, vous l'avez toujours ?

Sugar. Je ne sais pas. La dernière fois que je l'ai vu, je lui ai cassé la clavicule gauche avec un miroir en argent. (Réfléchissant.) Non, la droite.

Il rit, la bouche pleine.

Tony. Je croyais que Sugar, ça voulait dire sucre.

Elle rit, elle aussi, et se relève.

Sugar. C'est à cause de mes tartes qu'on m'appelle Sugar. La grosse brute, c'est Mattone. Celui qui vous a emmené, c'est Rizzio. Et vous ?

Tony. Froggy.

Il la regarde, debout devant lui : elle a de jolies jambes, une bouche sensuelle, des yeux qui semblent amicaux.

Sugar. Vous êtes arrivé quand, à Montréal ?

Tony. Ce matin.

Sugar. Qui vous poursuit ?

Là, il est un peu soufflé.

Tony. Personne.

Sugar. Charley me l'a dit. Charley ne se trompe jamais.

Tony a une longue hésitation. Puis, mentant :

Tony. La police.

Sugar. Pourquoi ?

Nouvelle hésitation. Ils se regardent dans les yeux.

Tony. Hold-up.

Sugar hausse les épaules.

Sugar. Ce n'est pas une raison pour faire tout ce chemin.

Tony (précipitamment). J'ai tué un flic.

Sans le quitter des yeux, elle recule de quelques pas. Et puis, d'une voix calme, elle appelle :

— Charley !... Charley !...

Dans la grande salle voisine, Charley se trouve devant le râtelier à fusils. Il est en train de ranger l'arme qu'il a prise tout à l'heure et celle qu'il a donnée à Rizzio.

Il tourne une seconde la tête vers la cuisine, mais il finit ce qu'il est en train de faire.

Rizzio est là et lui tend également deux pistolets.

Rizzio. Celui de Paul, celui de Renner.

Mattone revient du dehors. Il observe ce rangement d'un air buté.

Mattone. On devrait avoir chacun une arme.

Charley. Tu en auras une quand tu voudras te suicider. Pas avant.

Il boucle le cadenas du râtelier avec une clef, il rentre la clef dans sa poche et il va vers la cuisine.

Les deux autres le suivent.

Charley s'arrête sur le seuil. Rizzio et Mattone regardent par-dessus son épaule.

Sugar (amicale). Raconte, Froggy.

Tony se met debout.

Tony. J'étais en train de dire que j'ai tué un policier... En France, au cours d'un hold-up...

Il a bluffé, cette fois, sans hésitation. Mattone, retenu par Rizzio, éclate en fureur.

Mattone. Il ment !... Charley, il faut s'en débarrasser tout de suite ! (Suppliant :) Charley !...

Il se tait de lui-même. Charley observe Tony d'un œil froid.

Charley. On t'écoute.

Tony. J'ai pris un cargo. Hier, j'étais à New York. Des policiers m'ont repéré. Ils m'ont même tiré dessus.

Mattone. Il ment !

Gêné par ses menottes, Tony déboutonne le devant de sa chemise et l'entrouvre, montrant le pansement taché de sang sur sa poitrine.

Cela produit son effet. Même Mattone se calme tout net. Il y a un grand silence.

Charley revient à pas lents dans la grande salle.

Il ne regarde plus Tony, ni personne. Il va vers l'escalier et s'assoit sur les premières marches. Il réfléchit. Et tout le monde reste immobile, attendant.

Charley. Rizzio, donne-moi une cigarette.

Rizzio lui donne une cigarette.

Charley (l'allumant). Détache-lui les mains.

Il sort un petit canif à manche rouge de sa poche et il le lance à Rizzio.

Celui-ci va vers Tony et ouvre la serrure des menottes avec la lame effilée du canif.

Tony se frotte les poignets.

Charley s'est tourné vers lui et lui tend un billet de dix dollars entre les barres de la rampe d'escalier.

Charley. C'est tout ce que je peux faire pour toi, Froggy. De l'autre côté de l'île, il y a un pont. Deux miles après le pont, tu trouveras la grand-route. Je te souhaite bonne chance.

Tony prend les dix dollars avec méfiance. Il ne quitte pas Charley des yeux. Il n'arrive pas à comprendre quel piège on lui tend.

Tony. Je peux partir ? Comme ça ?

Charley. Puisque tu es des nôtres.

Tony recule à pas lents vers la porte d'entrée. Et puis, brusquement, il s'en va sans demander son reste.

Tout le monde le regarde disparaître sans bouger.

Le pied de Tony écrase une branche sèche.

Il est dans la forêt aux couleurs flamboyantes qui environne la maison. C'est bientôt le crépuscule et le disque rouge du soleil joue à travers les arbres.

Tony s'avance avec précaution jusqu'à la lisière de la forêt. Là, il s'immobilise soudain.

De ce côté, l'île est reliée à la terre par un vieux pont de bois, long de cinquante mètres, assez large pour un véhicule. De l'autre côté du pont, une voiture est arrêtée. Une limousine des années trente. Une marguerite stylisée est peinte sur les portières.

Debout autour de la voiture, il y a trois gitans : l'homme au couteau, le joueur de pipeau et celui qui porte un chapeau noir à calotte ronde.

Le joueur de pipeau, adossé à un arbre, joue la mélodie mélancolique du matin.

Les deux autres sont ensemble à quelques mètres de lui. Ils ne bougent pas. Ils fument, ils attendent.

Tony fait demi-tour et revient précipitamment vers la maison. Le soleil rouge, par-delà le fleuve, incendie toute la forêt.

Quand Tony ouvre la porte, tout le monde est resté à la même place — sauf Rizzio qui n'est plus là.

Charley est assis sur les premières marches de l'escalier, Sugar et Mattone sont debout de l'autre côté de la rampe.

Seule, la lumière a changé. C'est la lumière empourprée du dehors.

Charley. Tu es malin, Froggy. (Avec un mouvement de tête vers Mattone.) Lui, non. Il m'a parié cinquante dollars que tu ne reviendrais pas.

Mattone (exaspéré). Si quelqu'un peut m'expliquer pourquoi il est revenu, c'est pas de l'argent gaspillé !

Sugar. Il est revenu parce qu'il aime mes tartes.

Rizzio apparaît à ce moment derrière Tony dans l'embrasure de la porte. Il fait sauter dans sa main une boule de billard.

Rizzio. Il s'est peut-être aperçu que je le suivais.

Tony les laisse parler sans rien montrer sur son visage.

Charley. Moi, je crois ce qu'il dit. Il a simplement besoin de se cacher.

Il tend vers Tony sa main largement ouverte.

Charley. Mon argent, Tony.

Tony sort de sa chemise le billet de dix dollars qu'il lui a donné. Il le lui met dans la main.

Charley reste immobile. Puis, avec un soupir :

Charley. Mes quinze mille dollars.

Tony continue de se taire, en le regardant bien en face.

Charley referme brusquement sa main sur le billet.

Charley. Si tu ne sais pas où ils sont, tu as eu tort de revenir, Froggy.

Tony. Je sais où ils sont. Seulement, j'essaie de me mettre à ta place.

Charley (sec). Conclusion ?

Tony. Tant que je ne dis rien, tu ne me feras rien. (Souriant.) Je suis quelqu'un de précieux.

Charley l'observe en silence pendant plusieurs secondes. Puis il sourit à son tour, en balançant la tête.

Charley. Tu bluffes. Tu ne sais rien du tout.

Tony (d'un trait). Ce sont des billets neufs de cent dollars. Il y a trois liasses. Elles sont encore entourées de leur bande de papier.

Charley perd son sourire. Mattone explose, arrêté par Sugar qui le retient par un bras.

Mattone. Il y a des moyens de te faire parler !...

Tous se tournent vers Charley.

Charley. Exact.

Tony. Essaie.

Sa voix est basse, un peu altérée, mais il regarde toujours Charley bien en face.

Charley ramasse les menottes qui sont restées sur la marche où il est assis et il les lance à Rizzio.

Charley. Remets-lui ça.

Et puis il se lève sans plus s'occuper des autres. Dans une grosse boîte, sur un meuble, il prend un cigare qu'il allume soigneusement. Il se laisse tomber sur un canapé, défroisse du plat de la main, contre sa cuisse, le billet de dix dollars que Tony vient de lui rendre.

Charley (comme pour lui-même). Mon grand-père, dans le Michigan, il défroissait sa paye de la semaine avec un fer à repasser... Un vieux fer avec des braises dedans... C'est moi qui mettais les braises.

Ils sont tous immobiles, ils l'écoutent. Même Mattone, avec son air de poids lourd buté, même Tony.

Charley lève les yeux et les voit tous qui l'écoutent. Il plie le billet de dix dollars en deux et le remet dans sa poche.

Charley. Il y a une faille dans ton raisonnement, Froggy. (Il tapote d'un doigt le cadran de sa montre-bracelet.) Ça!... Je n'ai pas besoin de récupérer mon argent tout de suite.

Il se lève et va allumer une lampe, sur une table. Tony s'aperçoit alors que le soir est tombé.

Charley. La nuit te paraîtra plus longue qu'à moi.

Mattone (acariâtre). Il va rester ici?

Charley. Les dix dollars étaient à lui. Il a payé sa pension.

Il allume une autre lampe.

Sugar. Où il va coucher? Je n'ai plus un lit.

Charley. Rizzio ira chercher le lit-cage qui est dans la grange.

Sugar. C'est un lit d'enfant!

Charley. Pour dix dollars, on peut pas tout avoir.

Il allume une troisième lampe.

Rizzio (fier). A Paris, Charley a couché au Ritz pour pas un rond !

Il se tait devant le regard des autres. Mais Tony lui est reconnaissant d'avoir voulu détendre l'atmosphère.

Tony. Si la cuisine est ce que je crois, ça ira.

Sugar est ravie.

Sugar (à Charley). Tu sais, il me plaît de plus en plus, moi.

Charley hoche la tête et c'est tout. Il prend un gros blouson à carreaux rouges sur un siège et se dirige vers Mattone. Il est toujours le seul à bouger dans la pièce et les autres suivent des yeux tous ses mouvements.

Mattone. Moi, il me plaît pas.

Charley. Toi, non plus, tu me plais pas. Il y a dix ans que tu me plais pas.

En disant cela, il oblige le grand boxeur à se tourner, il lui fait enfiler le blouson à carreaux, avec des gestes tranquilles, paternels. Mattone se laisse faire comme s'il ne se rendait même pas compte, il fixe des yeux hostiles sur Tony.

Charley (à Mattone). Tu vas fouiller le canot. Si l'argent n'y est pas, tu vas fouiller la voiture à l'écluse.

Mattone acquiesce et se dirige vers la porte. Il ne quitte pas Tony des yeux.

Sur le seuil, il s'arrête et tend un index rageur.

Mattone. Si je me donne du mal pour rien, il le sait déjà, lui ! Il doit se marrer, en dedans !

Tony baisse la tête, impassible, muet.

Le boxeur fait claquer la porte derrière lui.

Une chambre de l'étage.

Le veston de Paul est posé sur le dossier d'une chaise.

De l'autre côté de la pièce, dans la lumière d'une lampe de chevet, le blessé est étendu dans le lit. Il porte un bandage autour de la tête. Il a les yeux fermés. Il va très mal.

Charley se penche sur lui et parle doucement.

Charley. Fais un effort, petit...

Paul (à demi inconscient). Charley ?

Charley. Oui... Écoute... Il faut que je retrouve l'argent... Pour payer le matériel, tu comprends ?

Paul. ... J'ai eu Renner, Charley... Je n'avais pas peur...

Charley le tient à bras-le-corps et le soulève, sentant qu'il ne pourra pas se faire entendre.

Charley (pressant). Paul !... Paul !...

La tête du jeune homme retombe de côté.

Charley le repose dans le lit et se lève. Il le regarde un instant, il l'écoute gémir, dans une sorte de coma.

Et puis, il éteint la lampe de chevet, il ouvre la porte.

Au moment de sortir, il se ravise et il rallume la lampe à côté du jeune homme. Pour ne pas le laisser dans le noir.

Une autre chambre, au bout du couloir qui partage l'étage en deux. Rizzio et Tony tirent un lit-cage en fer dans la pièce. Elle est déjà occupée par un grand lit. Charley les rejoint, fumant un cigare.

Rizzio contemple le lit d'enfant, puis Tony d'un air perplexe.

Rizzio. Sugar a raison. Il rentrera jamais.

Pour toute réponse, Charley décroche simplement la paroi au pied du lit-cage.

Pendant que Rizzio dispose un oreiller et des draps, Tony examine un échiquier sur une table. Les pièces d'échecs, placées suivant le cours d'une partie déjà commencée, sont sculptées dans du bois.

Rizzio. C'est moi qui les ai taillées !

Tony. Ça vaudrait une fortune, pour un collectionneur.

Rizzio (fier). Tu entends, Charley ?

Charley regarde à son tour le jeu d'échecs. C'est sans doute la première fois qu'il lui prête attention.

Charley. Rizzio est un artiste. Il fait aussi de la peinture.

Rizzio, inexplicablement, perd son sourire. Et puis il hoche la tête, résigné.

Rizzio. D'accord. J'y vais.

Il se dirige vers la porte en jetant un coup d'œil de regret à Tony. On l'entend descendre l'escalier.

Charley. Tu es malin, Froggy. D'abord Sugar. Ensuite Rizzio. Tu vas vite.

Il se dirige vers la fenêtre et regarde; dehors, les derniers feux du crépuscule sur le fleuve.

Charley. Il y a une belle vue de cette chambre.

Tony se rapproche.

Charley. Quel est le coin du paysage que tu préfères, toi ?

Tony (un peu surpris). Là, près de l'eau.

Charley. D'accord. Si demain matin tu ne m'as pas rendu mes billes, c'est là qu'on creusera le trou pour t'enterrer.

Sur un écran, le corps de Renner dans le pavillon des États-Unis, avec des policiers autour et un photographe qui mitraille au flash électronique.

Une voix commente :

— Julius Renner, quarante-huit ans, était surveillant au Théâtre de la place des Arts. Sans doute a-t-il été abattu par un voleur. On ne peut que déplorer une fois encore l'augmentation de la criminalité dans notre ville...

C'est le journal du soir, sur une chaîne couleur de la T.V. canadienne.

Sugar éteint l'appareil et revient vers les autres, qui sont en train de dîner dans la grande salle.

Sugar. Fin d'alerte !

A table — une table ovale où une place, à côté de Mattone, reste inoccupée — seul Tony regardait la T.V. Rizzio et Mattone ont chacun devant les yeux, appuyée à leur verre, une revue illustrée. Des comics pour Rizzio, des femmes déshabillées pour Mattone. Charley, lui, est plongé dans un journal de courses et souligne des noms de chevaux avec un crayon, tout en mangeant.

Tony porte toujours ses menottes. Il n'a ni assiette ni couvert devant lui. On ne lui donne pas à manger. Il doit se contenter de regarder manger les autres.

Mattone (sans lever les yeux). Renner a eu la monnaie de sa pièce. Il faut jamais faire confiance à un flic.

Rizzio (sans lever les yeux). Un *ancien* flic.

Mattone. C'est pareil. Au lieu de faire le coup avec nous, il part avec la caisse.

Tony. Quel coup?

Il y a un silence. Sugar est assise à l'autre bout de la table, et elle aussi a une revue appuyée à son verre.

Ils regardent tous Tony, puis Charley regarde Mattone.

Charley. Il t'a posé une question.

Mattone (embêté). Il a pas besoin de savoir.

Charley. Alors, pourquoi tu parles?

Mattone — comme le cancre pris en faute — revient à sa lecture. Les autres aussi. Sugar lit un magazine de cinéma.

Mattone (c'est plus fort que lui). Écoute, Charley, c'est pas ma faute si j'ai pas trouvé l'argent! J'ai fouillé partout!

Charley lui rapproche sèchement son assiette, l'air de dire : « Mange et tais-toi. » Mattone obéit. Ils mangent un plat de viande et de haricots.

Sugar. C'est bon, hein? (Personne ne répond.) Moi je trouve ça bon.

Elle tourne les yeux vers Tony. Il a une faim terrible, mais il lui sourit et elle lui sourit aussi.

A ce moment, sans qu'aucun bruit ne l'ait annoncé, un nouveau venu jette un faisan sur la table, entre Tony et Sugar. Un splendide faisan roux et or.

D'abord, Tony ne voit de dos qu'un homme pas très grand, qui porte un caban et un chapeau, et qui est armé d'une carabine.

Charley. Bonsoir, Pepper.

L'inconnu va vers la place inoccupée, pose son

arme sur la table. Ce n'est pas un homme, mais une très jeune fille au visage de glace, aux yeux impénétrables.

Quand elle ôte son chapeau, de longs cheveux noirs glissent sur ses épaules.

Charley (à Tony). C'est la sœur de Paul. Voici Froggy, Pepper.

La jeune fille n'accorde à Tony qu'un bref regard. Elle remplit l'assiette vide, debout, tout en mangeant des morceaux de viande avec ses doigts.

Une fois servie, elle reprend son arme — une Winchester — et elle monte l'escalier en emportant l'assiette. Pas un mot à personne.

Sugar. Pepper, ça veut dire poivre. Ne fais pas attention, Froggy.

Mattone. Justement, il ferait bien de faire attention. (Jaloux.) Elle a un fusil, elle !

Sugar. Elle a un fusil pour chasser.

Charley (sans lever les yeux). Quand elle saura qui a touché à son frère, on va voir qui elle va chasser.

Mattone rit. Rizzio quitte un instant son illustré et regarde Tony. Pour détendre l'atmosphère, Sugar se lève, prenant le faisan par les pattes et le soupesant.

Sugar. Je le ferai demain soir. Avec des champignons.

Elle s'en va vers la cuisine.

Sugar pousse la porte de la chambre de Paul et entre avec un verre de tisane.

Paul est dans le lit, respirant péniblement, les yeux ouverts.

Pepper est assise sur une chaise à côté de lui, sa Winchester sur les genoux. L'assiette qu'elle a remplie en bas est restée intacte sur la table de chevet.

Pepper. Il ne va pas mourir, dis ?

Sugar. Mais non.

Elle s'assoit au bord du lit et force le malade à boire. Il se laisse faire, sans connaissance.

Pepper. Il lui faudrait un docteur.

Sugar. Tu sais bien qu'on ne peut pas.

Pepper. Dans le temps, on avait un docteur à nous !

Sugar (doucement). On n'est plus dans ce temps-là, Pepper.

Elle a rebordé Paul, elle veut sortir. Mais Pepper se redresse et la retient.

Pepper. Qui lui a fait ça ?

Sugar a en face d'elle un petit fauve blessé, dangereux.

Sugar. C'est Renner. Et Renner est mort.

Elle sort. Sur le palier, elle regarde le verre de tisane que Paul n'a pas bu en entier. Pour ne rien laisser perdre, elle le boit elle-même.

La grosse main de Mattone arrache de son pot en terre cuite une plante fleurie, avec la terre et les racines.

Le boxeur pose la plante debout sur le crâne d'une statuette et le pot vide sur le billard.

46

Il va s'asseoir près de Rizzio qui déchire des pages de magazine et les froisse en boule.

Sur la table ovale, à moitié desservie, Charley fait une réussite. Tony est assis à l'écart, mains liées.

Sugar entre dans la salle et rassemble les assiettes qui restent sur la table. Elle regarde Charley.

Sugar. Un petit gin-rummy?

Charley (ramassant les cartes). Deux sous le point.

Tandis qu'elle s'assoit en face de lui, Mattone et Rizzio jouent à lancer des boules de papier dans le pot de fleurs vide. Tony observe les coups.

Sugar. Tu joues avec eux ou avec nous, Froggy?

Charley, qui donne les cartes, tourne la tête vers Tony mais ne dit rien.

Tony se lève, indécis. Et puis il s'approche de Rizzio et lui met sous les yeux sa montre-bracelet. Une montre en or assez jolie, tout ce qui lui reste.

Tony. Vingt-cinq dollars pour ma montre, Rizzio.

Rizzio détache la montre et la porte à l'oreille pour écouter.

Mattone (hargneux). Elle marche pas. Rien ne marche chez les Français, sauf faire des gosses. J'ai lu ça dans un bouquin.

Rizzio sort de l'argent.

Mattone. Tu en as déjà une, de montre!

Rizzio. (A Tony.) Je t'en donne vingt dollars. Histoire de marchander.

C'est vrai qu'il a déjà une montre à son poignet gauche. Il passe celle de Tony à son poignet droit.

Tony. Vingt dollars et trois cigarettes. Histoire de marchander.

Rizzio, d'abord un peu étonné, sort son paquet. Tony prend trois cigarettes et va s'asseoir au bout de la table ovale. Il pose les billets devant lui et tape dessus.

Tony. Je te parie mes vingt dollars, Charley.

Avec une grande sûreté, malgré ses menottes, Tony met une cigarette debout sur la table. Plus lentement, plus attentivement, il place la seconde dessus, et elle tient.

Rizzio et Mattone, intrigués, s'approchent pour regarder par-dessus l'épaule de Sugar.

Sans un tremblement, mais avec de longues précautions, Tony place la troisième cigarette debout sur les deux autres. Et elle ne tombe pas.

Tony (à Charley). Si tu fais ça, tu ramasses tout.

Ils contemplent tous, fascinés, la fragile petite tour. Tony la balaie de l'index.

Charley sort des billets, les pose sur ceux de Tony et prend les trois cigarettes.

Il parvient à placer la première debout. La seconde dessus. La troisième tombe sous ses doigts.

Soupir. Il reste un instant immobile, et puis il ramasse la cigarette tombée, la met à la bouche et l'allume.

Rizzio et Mattone, déçus, s'en retournent à leur propre jeu.

Sugar (doucement). Il faut que Froggy soit quelqu'un d'adroit pour réussir ça. Il pourrait nous être utile.

Elle attend une réponse. Mais Charley se contente de rafler les quarante dollars sur la table. Tony esquisse un mouvement inutile pour les retenir.

Charley. A valoir sur ce que tu me dois, Froggy.

Et il retourne, lui, à sa partie de gin-rummy.

De l'autre côté du pont, adossé à un arbre, le tzigane au bandeau de cuir clouté d'or joue du pipeau.

Les deux autres sont assis par terre, près d'un feu qui s'éteint.

Ils se tiennent à plus d'un kilomètre de la maison. L'air de pipeau est tout ce qui rompt leur silence. Ils n'ont pas l'intention de franchir le pont pour aller tuer Tony chez des étrangers. Ils attendent, c'est tout. Ils attendront le temps qu'il faudra.

C'est une nuit très claire de pleine lune et la mélodie — la même que celle du matin — est plus ample, plus menaçante.

Dans la chambre de Rizzio, près de la fenêtre, Tony est recroquevillé tout habillé dans le lit-cage. Dans le grand lit, Rizzio dort à poing fermés.

Tony, lui, ne dort pas.

On ne peut pas, de la maison, entendre l'air de pipeau du gitan — qui veille là-bas, de l'autre côté du pont. Et pourtant, il l'entend. Il l'a dans la tête. Déchirant et têtu, comme les souvenirs qui l'empêchent de dormir.

LE CAMION
DE POMPIERS

Les mille bruits de la forêt.

A travers la fenêtre du couloir de l'étage le soleil rouge, par-delà les arbres, est celui du petit matin.

Tout près de cette fenêtre, un souffle, une respiration contenue. Mattone, plaqué contre un mur, regarde par l'interstice d'une porte légèrement entrouverte. Il est vêtu de son vieux peignoir de boxeur tout élimé. On peut encore lire dans son dos, en lettres déteintes : BOMBER MATTONE. Il n'est pas encore rasé ni lavé.

Ce qu'il regarde, c'est Sugar dans la salle de bains. Elle vient de sortir de la douche. Elle essuie son corps nu avec une serviette-éponge.

Mattone n'a pas le loisir de faire le voyeur très longtemps. Deux mains s'abattent sur ses épaules. C'est Charley, en tee-shirt, qui l'attrape et le projette de toutes ses forces, tête la première, contre un mur du couloir. Et qui l'attrape encore et le projette de la même façon, avec une brutalité muette, impitoyable, contre le mur opposé.

Mattone s'écroule, groggy, stupéfait et sanglant. Le tout a duré trois secondes et fait un vacarme à ébranler la maison.

Tony sort sur le seuil de sa chambre, avec ses menottes. Rizzio, déjà descendu, monte les escaliers quatre à quatre pour voir ce qui se passe. Sugar apparaît en dernier, refermant hâtivement sur elle sa serviette-éponge.

La réaction de Mattone est lamentable. Il saigne du front et, voulant s'essuyer avec la main, il se met du sang sur tout le visage. Il regarde Charley au-dessus de lui avec des traits crispés, comme s'il allait pleurer.

Mattone. Tu ne m'aimes pas, Charley !... C'est toujours moi qui prends !...

Sugar. Qu'est-ce qu'il a fait ?

Mattone. Mais rien, Sugar !... Juste te regarder !... On vit comme des moines, ici !

Charley (criant). Relève-toi !

Le boxeur se remet debout et reste immobile contre le mur. Si Charley le frappait encore, il ne se défendrait pas.

Sugar. Ce n'est quand même pas si grave.

Charley. Et s'il met toute l'opération par terre, c'est grave ?... Il me faut des professionnels ! Et lui, il a rien dans le crâne ! C'est un danger public !...

Il s'interrompt en remarquant la présence de Tony dans le couloir.

Charley (à Sugar). Toi, apprends à fermer tes portes !

Sugar fait oui de la tête. Charley retourne vers sa chambre sans plus regarder personne.

Cette chambre est plus grande et plus confortable que celle de Rizzio. La jupe et le pull que Sugar portait la veille sont posés soigneusement sur le dossier d'un fauteuil. On sent partout la présence de Sugar.

Quand Charley entre, Tony est sur ses talons.

Charley. Qu'est-ce que tu veux, toi ?

Tony. J'ai pas de linge. J'ai rien.

Charley. Tu es décidé à me rendre mes billes ?

Tony. Non.

Charley. Alors, quelle importance ? Dans moins d'une heure tu seras mort.

Tony. Je veux mourir propre.

Charley hausse les épaules, indique une commode.

Charley. Tiroir du haut. Ce qui te va est à toi.

Il passe lui-même une chemise bien repassée, posée sur le lit. Tony ouvre le tiroir et choisit ce qu'il lui faut.

Un harnais de cuir avec un revolver est accroché à une chaise près de la commode.

Tony le regarde mais ne tente pas un mouvement pour le prendre.

Tony. Quand tu étais au Ritz pour pas un rond, c'était pendant la guerre ?

Charley. On peut rien te cacher, Froggy. Septembre 44.

Tony. Tu étais quoi, dans l'armée ?

Charley. Touriste.

Tony. Et dans le civil ?

Charley. Voleur. J'ai toujours eu le même métier.

Tout en parlant, Charley a ouvert une armoire et sorti un étui de cuir noir. C'est un rasoir électrique dont il essaie deux secondes le moteur à une prise de courant.

Tony a choisi une chemise et du linge de corps. Il referme le tiroir. Il y a une photo dans un cadre sur la table de nuit. Un cheval de course.

Tony. Qui est-ce ?

Charley regarde.

Charley. Une jument de ton pays. Son nom était Gelinotte. (Un temps.) Elle est morte, maintenant.

Il pose le rasoir sur la commode.

Charley. Tiens. Il a jamais servi.

Tony, un peu surpris de l'attention, le ramasse avec le reste. Charley sort un petit canif rouge et lui ouvre un bracelet de ses menottes. Juste pour lui permettre de se préparer.

Charley (comme pour lui-même). Bientôt, j'irai vivre à Paris, et j'achèterai tous les descendants de Gelinotte qu'on voudra me vendre.

Tony. Il faudra beaucoup d'argent.

Charley. J'aurai tout l'argent qu'il faut.

Tony va vers la porte avec son linge. Avant de sortir il se retourne :

Tony. Charley... Pourquoi Paris ?

Charley (après un temps). Parce que chaque jour que Dieu fait, il y a des courses.

Tony est bien obligé de se contenter de cette explication. Il regarde à nouveau, de loin, la photo de Gelinotte. Et il sort.

De l'autre côté du couloir, dans sa chambre dont la porte est restée ouverte, le pauvre Mattone a suivi toute la conversation. Lui, on le brime. L'autre, qu'on ne connaît même pas, on lui prête rasoir, chemise et tout, et même on lui raconte sa vie. Le boxeur en pleurerait de rage.

Plus tard, dans la cuisine, Sugar plume le faisan roux et or que Pepper a tué la veille.

Elle est assise dans un coin, en peignoir de soie —

un peignoir qui montre qu'elle a vécu de meilleurs jours.

Assis à un bout de la table, Charley s'exerce à mettre des cigarettes debout l'une sur l'autre. Rizzio et Mattone boivent leur café sans rien dire.

Quand Tony fait son apparition, dans une chemise propre, il est rasé de frais, bien peigné, il a l'air dans une forme splendide.

Mattone. Regardez-moi le gandin !

Charley lève les yeux une seconde et continue de jouer aux cigarettes, sans commentaire. Rizzio se dresse. Tony, résigné, lui tend les poignets.

Il échange un sourire avec Sugar tandis que l'autre boucle à nouveau ses menottes.

Mattone. Il faudra établir un règlement pour la salle de bains. Il y est resté un milliard d'années.

Personne ne l'écoute. Rizzio a repris sa place. Tony s'assoit à la table et Sugar lui sert un bol de café.

Les autres ne peuvent s'en apercevoir, car elle est à moitié derrière lui, mais en versant le café, elle effleure de sa main libre la joue et le cou de Tony. C'est un geste très rapide.

Sugar. Tu veux des œufs ?

Tony. Une douzaine !

Elle se tourne vers ses fourneaux pour lui en préparer.

Charley, silencieux, a réussi à mettre deux cigarettes l'une sur l'autre. A la troisième, tout tombe.

Il pousse un soupir, prend tranquillement le bol de café de Tony et se met à le boire.

Sugar, qui s'apprêtait à casser des œufs dans un plat, ne sait plus ce qu'elle doit faire. En fin de compte, elle repose les œufs dans leur panier.

Tony (révolté). J'ai faim !

Pas de réaction. Il se lève, écarte Sugar et entreprend de faire sa cuisine lui-même, avec ses menottes.

Les autres observent Charley en silence. Il se met debout sans hâte et va fermer le robinet du gaz, près de la fenêtre.

La flamme s'éteint sous le plat de Tony.

Charley (se rasseyant). La question est de savoir *comment* on le tue.

Mattone. On le fait parler avant ?

Charley. Évidemment.

Mattone ricane, les yeux fixés sur Tony. Et puis, il se penche vers Charley, qui finit son café, et il lui chuchote quelque chose à l'oreille.

Charley. Pas mal.

Tony les voit alors se lever tous les trois. Ils l'entourent, Charley calme, Mattone souriant, Rizzio mal à l'aise mais obéissant.

Sugar s'écarte vers un des murs, avec un visage anxieux. Elle ouvre la bouche pour parler — mais ils ne sauront jamais ce qu'elle veut dire car, au même instant éclate un grand cri, déchirant et terrible.

Le quartier de la Cathédrale, à Marseille.

Dans la clarté de cette fin d'après-midi où tout a commencé, une fenêtre s'ouvre brusquement à un étage d'un vieil immeuble.

Une femme, en tablier de ménage, encore très jeune, se penche au-dehors. Elle cherche des yeux son petit garçon qui joue dans la rue avec les autres galopins du quartier. Cela doit faire plusieurs fois qu'elle l'appelle, car elle commence à perdre patience :

— Paul !... Paul !... Allons, il faut rentrer, maintenant !...

Et bien sûr, ce pourrait être n'importe où, à Barcelone, à Naples, ou à Hong Kong. Mais c'est à Marseille, dans le quartier de la Cathédrale, où les rues montent en escaliers.

Le cri — qu'on entend encore — est celui de Pepper, au premier étage.

Charley et les autres, dans la cuisine, ont levé la tête, et ils écoutent immobiles, se demandant ce qui arrive.

Et puis, ils se précipitent.

Charley et Rizzio sont les premiers à grimper les marches. Ils vont atteindre le palier quand un coup de fusil les arrête net.

On a tiré de l'intérieur de la chambre de Paul, qui est juste en face de l'escalier. La balle a fait un trou dans la porte.

Charley et Rizzio contemplent fixement ce trou, mais aucun des deux n'est touché. Les autres, en bas, se sont immobilisés aussi.

Charley. Pepper ! Ouvre ! Pepper !

La voix de Pepper, bouleversée, s'élève de l'autre côté de la porte, avec une douceur inattendue, comme une plainte.

Pepper. Paul est mort, Charley !... Paul est mort !... Charley ?... Tu m'entends ?...

Charley. Ouvre.

La porte reste fermée. Silence. Rizzio échange un coup d'œil avec Charley. Avec précaution, cette fois, il monte une marche et puis une autre en direction de la chambre.

Nouveau coup de feu. Un autre trou dans la porte, un peu plus haut que le premier. La balle ricoche contre le mur de l'escalier.

Rizzio a fait instantanément un bond en arrière.

Pepper. On ne rentre pas, Charley !... Je garde mon frère !... Va chercher un prêtre ! Tu m'entends, Charley ? Je veux un prêtre !

Charley. Mais de quoi tu parles, bon sang ! Ouvre cette porte !

Pepper. Je veux un enterrement ! Je veux un prêtre ! Je veux un prêtre !

Le ton est devenu hystérique — et il y a un troisième coup de feu à travers la porte.

Charley descend les marches, suivi par Rizzio. En bas, il s'arrête devant Sugar, mais il est trop énervé pour prononcer un mot. Il ne peut que hausser les épaules. Et il sort de la maison.

Assis sur les marches de la véranda, il allume une cigarette. Rizzio et Mattone sont debout près de lui. Tony est derrière, avec ses menottes.

Charley reste plusieurs secondes silencieux. Il est triste et plus las qu'on ne l'a jamais vu.

Rizzio (doucement). D'abord Renner. Et maintenant Paul.

Charley. Oui. On est bien parti.

Il se met debout et marche vers le coin de la maison. Les autres ne bougent pas.

Charley ramasse deux pelles et revient vers eux.

Mattone (inquiet). Qui monte dans la chambre ?

Charley lui lance une pelle et l'autre à Rizzio.

Charley (montrant Tony). Lui.

Tony. Pourquoi je ferais ça ?

Charley. Parce qu'on va creuser un trou ! Alors, à toi de choisir qui va devant !

Ils se regardent en silence, hostiles. Et puis Charley se détourne et s'en va vers le fleuve.

Deux morceaux de bois liés en croix par un ruban rouge. C'est le crucifix de fortune que Pepper a placé entre les mains de son frère mort.

Elle lui a remis son veston de la veille.

Le visage de Paul, allongé sur le lit de la chambre, est livide mais apaisé.

Pepper est assise à côté de lui, en pantalon et pull noirs, sa Winchester sur les genoux.

Sans qu'il y ait eu le moindre bruit, elle tourne vivement la tête vers la porte. Elle écoute. Rien. Elle actionne pourtant le levier de sous-garde de sa carabine et se lève lentement. Elle fait face à la fenêtre.

Dehors, appuyés à leur pelle, Rizzio et Mattone se sont interrompus dans leur travail — creuser un trou dans la prairie. Ils observent attentivement la maison.

Charley est assis plus bas, sur le ponton. Lui aussi observe la maison.

Tony avance à plat ventre sur le toit de la véranda, grignotant peu à peu l'espace qui le sépare de la fenêtre de la chambre à investir.

Il y arrive presque, sans bruit, quand les

vitres de cette fenêtre éclatent sous un coup de feu, et puis un autre, et encore un autre — très vite, dans une salve rageuse.

Tony se rejette au bord du toit de la véranda, les mains liées.

Sugar est debout, au-dessous de lui, et ils se regardent. Il a, dans les yeux, une peur intense. Elle lui décoche un grand sourire, comme si c'était la matinée la plus paisible de sa vie.

Tony (bas). Elle a des munitions dans sa chambre ?

Sugar. Un arsenal.

Mais elle a pitié de lui.

Sugar (encourageante). Si Pepper voulait vraiment tuer quelqu'un, tu serais déjà mort. Vas-y franchement.

Tony garde les yeux sur elle deux ou trois secondes et puis il se lève debout sur le toit. Et il y va. Un grand coup de pied dans la fenêtre et il saute dans la chambre.

Pepper est au milieu de la pièce, le canon de la Winchester braqué sur lui. Elle ne tire pas.

Elle a des yeux clairs, immobiles, très attentifs. Tony fait les quelques pas qui le séparent d'elle avec une subite confiance — peut-être lui a-t-elle été donnée par Sugar, peut-être par les yeux clairs.

Il essaie de lui prendre le fusil, qu'elle retire d'un geste sec.

Pepper. Je veux un prêtre. Je veux des prières.

Tony. On ne peut pas appeler un prêtre.

Elle baisse le canon de son arme et va s'asseoir sur le lit, à côté de son frère.

Pepper (triste). Vous savez, j'ai quatre ans de

moins que lui, mais c'est moi qui m'en suis toujours occupée.

Tony. Qui s'est occupé de vous, Pepper?

Elle lève les yeux. C'est une gamine. Une gamine qui a du chagrin et qui est réconfortée, tout à coup, de pouvoir simplement parler à quelqu'un. Elle le fait avec exaltation, d'une voix nouvelle.

Pepper. C'est Charley! Charley est un homme très bon et magnifique! Une fois, quand j'étais à l'orphelinat avec Paul, en pleine nuit, il est venu nous prendre tous les deux. Moi, il m'a emportée dans une couverture! Il nous a emmenés à La Nouvelle-Orléans et nous avons vécu une vie magnifique!... (Sa voix retombe.) Notre père, avant de mourir, était en prison avec Charley.

Elle a dit tout cela très vite, avec une naïveté, une force d'enfant, et Tony balance la tête, sonné.

Il s'approche d'elle. A nouveau, elle braque sa Winchester sur lui, avec des yeux méfiants.

Tony. On dira une prière, Pepper, je vous le promets.

Pepper. Une *vraie* prière?

Tony. Oui.

Elle se lève avec sa carabine et va vers la fenêtre.

Pepper. Ils sont en train de creuser un trou près de l'eau. Il faut qu'ils creusent sous les arbres. Mon frère aimait être sous les arbres.

Tony fait oui de la tête, plusieurs fois.

Il est devant Paul et il baisse les yeux pour le regarder.

Charley ouvre la porte d'un coup de pied, dans la seconde qui suit. Il reste immobile sur le seuil, appuyé à deux mains à l'embrasure, les yeux fixés sur Pepper.

60

Pepper. Je veux ce qu'on m'a promis. Une prière et sous les arbres.

Charley incline la tête, fatigué par tout le monde.

Et puis, il regarde le corps de Paul. Des souvenirs passent dans ses yeux. Peut-être ceux que vient de raconter Pepper.

Sans même se rendre compte, il s'écarte pour laisser sortir Tony.

Il le retient au dernier moment.

Charley. Froggy !... Je te laisse jusqu'au coucher du soleil pour me rendre mon argent.

Ils se regardent. Tony se dégage avec brusquerie et s'en va dans l'escalier.

Plus tard, dans la forêt qui environne l'auberge.

Sugar cueille des fleurs sauvages, au bord du fleuve. Elle porte une robe aux couleurs vives, un foulard couvre ses cheveux.

Elle a déjà un joli bouquet. Quand elle revient vers eux, ses compagnons sont alignés devant un grand trou, sous les arbres.

Ils sont tous immobiles, sauf Rizzio qui a creusé le trou, qui est tout en sueur et qui enfile sa chemise. Il porte, attaché à une chaînette, une étoile de David sur la poitrine.

Sugar se place entre Charley et Pepper, avec son bouquet de fleurs.

Dans le trou, profond d'un mètre, on a étendu une couverture sur le corps de Paul.

Maintenant, ils sont tous un peu gauches et embêtés d'avoir à se recueillir.

Pepper. Qui va dire la prière ?

Charley. Sugar.

Pepper. Une femme ne peut pas être prêtre.

Charley. Alors, Mattone.

Mattone. J'en sais pas, moi, de prière !

Ils le regardent tous en silence. Lui regarde Charley.

Mattone (prenant sa revanche). J'ai rien dans le crâne !

Charley. Rizzio va la dire.

Pepper (définitive). C'est pas sa religion, ça vaut pas. Et pas Froggy non plus ! Il est pas du quartier !

Ils sont maintenant tous tournés vers Charley qui se déplace d'un pied sur l'autre. Le silence s'installe.

Pepper. Alors, on n'enterre pas mon frère !

Sugar la retient par le bras.

Sugar (doucement). Charley...

Charley est tellement mal à l'aise qu'il n'ose même plus regarder les autres.

Charley. Je me rappellerai jamais... Et puis, c'est un truc qui n'a rien à voir avec un enterrement !...

Pepper. Si c'est une prière, c'est une prière.

Ils regardent tous Charley comme s'ils voulaient l'aider à sortir les mots. Et lui regarde ailleurs, avec son air embêté.

Et puis, il se décide. Il place ses mains l'une sur l'autre, il incline la tête. Il récite à toute allure, comme on avale un remède.

Charley. Now, I lay me down to sleep
          I pray the Lord my soul to keep
          If I should die before I wake

I pray the Lord my soul to take.
... Good night[1]!

Un silence embarrassé suit la prière. Il a lancé le « Good night ! » sur le même ton qu'il devait le dire étant enfant. La gêne qu'il ressent est insoutenable. Au point que les autres ne lui jettent qu'un coup d'œil et détournent les yeux.

Finalement, Charley ramasse une poignée de terre, la jette dans la tombe. Et il s'en va, marchant à pas lents.

Après un instant de silence, chacun le suit. Sugar jette son bouquet de fleurs. Les poignées de terre tombent sur la couverture avec un bruit mou. Il ne reste plus, devant le trou, que Pepper et Rizzio.

Celui-ci tend un billet à la jeune fille.

Rizzio. J'avais parié dix dollars à Paul qu'il ne mourrait pas.

Pepper. Garde-les. Tu as creusé la tombe.

Rizzio change de visage, blessé.

Pepper (gentiment). Si je paie, c'est un vrai enterrement.

Rizzio comprend et il rentre son argent. Il ramasse sa pelle et commence à combler le trou. Pepper reste immobile près de lui, silhouette noire coiffée d'un chapeau et refermée sur son chagrin.

1.   Maintenant, je me couche et je dors
         Je prie Dieu de veiller sur mon âme
         Si je dois mourir avant mon réveil
         Je prie Dieu de la garder toujours.
         ... Bonne nuit !

Les battants de la porte de la grange s'ouvrent sous la poussée de Tony et le soleil de l'après-midi fait irruption à l'intérieur.

Tony, menottes aux poignets, s'avance dans un grand rectangle de lumière. Il découvre un camion de pompiers au milieu de la grange, un vrai camion de pompiers avec une haute échelle.

Tout est silencieux, dehors.

Le camion était rouge vif mais on l'a, en grande partie, repeint en gris. Des pots de peinture, des pinceaux traînent par terre.

Tony n'a pas le temps de revenir de sa surprise. La voix calme de Sugar s'élève derrière lui.

Sugar. On espionne?

Elle est adossée à l'un des battants de la porte. Elle l'observe avec des yeux froids.

Tony (stupéfait). C'est un camion de pompiers!

Sans un mot, sans grand enthousiasme non plus, Sugar frappe dans ses mains pour applaudir à tant de perspicacité.

Tony. Pour quoi faire?

Sugar. Des fois qu'on brûlerait.

Il revient vers elle, continuant de jeter des coups d'œil au véhicule.

Sugar. J'ai fait une tarte aux roses.

Tony. Une tarte à quoi?

Sugar. A la confiture de roses. Les fleurs!... C'est très bon.

Tony. Où sont les autres?

Sugar. Montréal.

Tony. C'est vous, mon gardien?

Sugar. J'ai même un fusil.

Elle montre la Winchester de Pepper, qu'elle

tenait derrière son dos. Il la lui prend doucement et elle n'essaie pas de l'en empêcher.

Poignets enchaînés, il manipule l'arme en sortant au grand soleil.

Il marche dans la prairie en visant à droite, à gauche, et en se retournant par brusques volte-face.

Sugar le suit à quelques mètres, à pas lents, sans le quitter des yeux.

Tony (s'arrêtant). Cette auberge vous appartient, Sugar ?

Elle fait signe que oui.

Tony. Et vous, vous appartenez à Charley ?

Sugar. Quand il y pense. On se connaît depuis quinze ans.

Elle s'approche, lui reprend le fusil et s'en va vers la maison.

Le faisan tué par Pepper, sur un plat, entre dans le four ouvert. Il est maintenant tout préparé et Sugar le met à cuire.

Sugar. ...Dans ces quinze ans, il y en a bien eu dix où il était en prison. Je le voyais le jeudi derrière une grille.

Elle force la voix pour se faire entendre, car Tony n'est pas dans la pièce.

Elle referme le four et s'essuie les mains, à son tablier de cuisine, tout en continuant :

Sugar. Autrement, c'était entre deux affaires, quand il venait se cacher ici. Et pour moi, entre deux divorces !

Tony est assis sur l'un des canapés, dans la grande salle. Il mange de la tarte aux roses avec ses doigts. Plutôt, il dévore.

Tony (la bouche pleine). Et maintenant ? Il va vous emmener à Paris avec lui ?

Dans la pièce voisine, Sugar balance la tête comme si la question était absurde. La Winchester est sur la table devant elle. Elle ôte son tablier.

Sugar. Charley ne peut vivre que tout seul.

Tony. Et vous ?

Elle ne répond pas. Elle fait tourner la Winchester sur la table. Une sorte de loterie pour elle-même.

Et puis, elle va rejoindre Tony avec un verre de lait.

Il attend sa réponse et la regarde.

Sugar. Moi, c'est exactement le contraire.

Tony. Charley n'est pas jaloux ?

Elle fait non de la tête, à nouveau, comme si cette question aussi était absurde.

Sugar (s'approchant). C'est bon, hein ?

Il prend un morceau de tarte au bout d'une fourchette et le lui présente pour lui faire goûter. Elle se penche vers lui, mais au dernier moment, il recule la fourchette. Pendant une seconde, elle reste bouche ouverte, le regardant. Et puis, il lui donne le morceau de gâteau.

Ils continuent de se regarder. Elle s'agenouille. Elle soulève doucement ses poignets enchaînés et les passe par-dessus sa tête, s'enfermant entre ses bras.

Elle défait deux boutons de la chemise de Tony.

Sugar (la voix altérée). Il faudrait refaire ce pansement.

Leurs visages sont tout près l'un de l'autre. Elle l'embrasse sur la bouche. Il se laisse faire d'abord sans bouger, puis ses mains liées se referment sur les cheveux de Sugar.

Musique de parade.

On est à Westmount, dans le quartier de Montréal.

Mattone est debout près de la voiture noire de Charley, arrêtée au bord d'une pelouse. Il est seul. Il balance à bout de bras un gros appareil Polaroïd, tout en regardant fixement une troupe de majorettes en train de défiler, avec leurs tambours et leurs drapeaux.

Plus exactement, il regarde une des majorettes, celle qui conduit les autres.

C'est la majorette blonde du premier jour.

Elle marche au pas cadencé, virevolte dans son costume blanc galonné d'or, épée dans la main droite, visage sévère sous son shako.

Il y a d'autres voitures arrêtées là et des badauds qui contemplent la parade. Mais Mattone ne voit qu'elle, ses jambes et sa chevelure, sa démarche de poupée vivante, il est fasciné.

Et puis, c'est le silence, la fin de l'après-midi.

Toutes les filles en uniforme sont parties, et les badauds. Il n'y a plus sur la pelouse que la majorette blonde et un couple d'une quarantaine d'années — les entraîneurs de la troupe — qui lui parlent tandis qu'elle est penchée sur un grand fourre-tout en cuir blanc et qu'elle range ses affaires.

Elle a ôté son shako et libéré ses longs cheveux blonds. Quand elle se relève, la femme d'une quarantaine d'années l'aide à passer un court manteau blanc sur sa mini-robe.

Autour d'eux, il y a des papiers abandonnés, des bouteilles de coca-cola vides.

Plus loin, sous les arbres du parc qui cerne la

pelouse, un jeune homme en complet d'été attend près d'une Ford Galaxie métallisée.

Mattone est toujours là, lui aussi. Il est assis dans le cabriolet noir et il regarde tout cela à distance, derrière son pare-brise.

Sur une dernière recommandation de travail, le couple d'entraîneurs monte dans une voiture plus petite et démarre. La majorette rejoint à pas lents, un peu lasse, le jeune homme de la Galaxie.

Mattone observe les deux jeunes gens qui échangent un baiser. Le garçon ouvre une portière pour la majorette, et puis il fait le tour de la voiture pour prendre le volant.

Mattone descend du cabriolet. Sans bruit, sans se presser, jetant à peine un coup d'œil derrière lui pour s'assurer qu'il n'y a personne en vue, il va vers la Galaxie.

Derrière les vitres, les deux jeunes gens sont côte à côte, bien sages, en train de parler.

Mattone ouvre la portière côté volant, attrape le jeune homme stupéfait dans le même mouvement et le tire dehors. Avant qu'il ait pu prononcer un mot, il le frappe au visage, du droit, du gauche et encore du droit, le suivant pas à pas entre chaque coup, tandis que le pauvre garçon recule en touchant à peine terre, agitant l'air avec ses bras.

Le jeune homme, au troisième coup, s'abat sur le dos, au milieu de la pelouse, et il ne bouge plus.

Mattone revient vers la Galaxie en deux enjambées. La majorette blonde le regarde fixement, réfugiée à l'autre bout du siège. Ses yeux sont larges et verts, et muets. C'est plus de l'étonnement qu'on lit sur son visage que de la terreur. Et puis, elle ouvre la bouche. Elle dit un mot.

La majorette. Knock-out.

C'est juste un fait, une constatation.

Mattone (ravi). Ouais.

Il fait craquer les jointures de ses doigts. Elle les regarde. Elle essaie en même temps d'ouvrir la portière derrière elle.

Mattone la saisit par un bras et la tire doucement à lui sur le siège.

De sa grosse main de boxeur, il caresse ses cheveux blonds comme si c'était la chose la plus merveilleuse du monde. Une poupée. Une jolie poupée, si propre, si nette, si blonde.

La majorette. Il y a quelqu'un au-dessus de votre tête.

Mattone (arrêté net). Quoi ?

La majorette. Je suis médium.

Mattone ne comprend rien à ce qu'elle raconte, mais il lève la tête impressionné.

A ce moment, Rizzio, qui est effectivement debout au-dessus de lui, attrape son compagnon par le bras et le tire de toutes ses forces hors de la voiture.

Rizzio. Fais pas l'imbécile !... Viens !... Viens, je te dis !...

Mattone se dégage.

Rizzio. Écoute-moi ! Viens !... Je cafarderai pas !...

Mattone le suit à regret vers le cabriolet, en se retournant plusieurs fois, visage perplexe, pour regarder la majorette. Elle reste immobile dans la Galaxie, à le suivre de ses grands yeux verts. Si jolie, si propre, si blonde.

Mattone. Elle est médium !

Rizzio (pour le calmer). Avec l'argent qu'on va

gagner, tu pourras t'en payer des dizaines !... Plein de médiums !...

Par-delà les arbres du parc, le soleil décline sur les hauts immeubles de Montréal.

La chambre de Rizzio.

Le soleil est rouge derrière les vitres de la fenêtre.

Sugar, à demi dénudée, est à genoux sur le lit. Elle entoure la poitrine de Tony avec une bande neuve. Elle a un visage préoccupé. Quand elle a fini et qu'il veut l'attirer à lui pour l'embrasser, elle s'écarte.

Sugar. Charley te tuera.

Tony. Tu m'as dit qu'il n'était pas jaloux.

Sugar. Il ne s'agit pas de ça, Tony.

Ils se regardent en silence. Sugar effleure son pansement de la main, amoureuse et triste.

Sugar. Ce n'est pas une balle que tu as reçue, c'est un coup de couteau.

Elle n'ajoute rien et Tony n'essaie pas de nier.

Tony (doucement). Tu n'es pas obligée de le dire à Charley.

Sugar (baissant la tête). Je ne sais pas. Il faut que je réfléchisse.

Tony la prend par une épaule avec ses mains enchaînées.

Sugar. Non.

Il l'embrasse et peu à peu, elle cède, elle l'entoure de ses bras.

A ce moment, dehors le moteur d'un canot interrompt les mille petits bruits de la forêt.

Ils se regardent, écoutent.

Ce sont les autres qui arrivent, qui accostent au ponton.

Sugar se dégage des bras de Tony, mais sans hâte, sans quitter le lit. Soudain, une pensée lui traverse l'esprit.

Sugar. Le fusil !

Elle se lève alors précipitamment pour attraper sa jupe.

Un instant plus tard, rhabillée et recoiffée tant bien que mal, elle descend les marches en courant.

Elle fait irruption dans la cuisine et s'immobilise net devant la table. La Winchester n'est plus là. Elle n'en croit pas ses yeux.

Un déclic derrière elle.

Elle se retourne dans un sursaut. C'est Charley qui tient la carabine.

Sugar. Oh ! tu m'as fait peur !

Charley. Pas assez.

Il tourne les yeux vers la tarte aux roses entamée, sur la table.

Charley. J'ai connu quelqu'un, une fois, qui s'est laissé prendre son arme. Il n'a pas eu le temps d'avoir peur.

Il sort de la pièce, emportant la Winchester, et Sugar le suit des yeux, mal à l'aise.

Une porte s'ouvre, violemment, et Charley entre dans la chambre de Rizzio. Il a ôté son veston et on voit, maintenant, le harnais à revolver qu'il portait dessous. Il a un cigare à la bouche. Il est suivi par Rizzio et Mattone.

Le lit a été hâtivement recouvert.

Tony, en bras de chemise, est assis devant le jeu d'échecs, l'air absorbé.

Charley allume une lampe.

Charley. Le soleil se couche, Froggy.

Il vient s'asseoir près de lui, parfaitement décontracté.

Charley. C'est toi qui gagnes?

Tony. Non. Tu prends ma reine.

Charley regarde l'échiquier. Effectivement, il déplace une des pièces et prend la reine de Tony.

Charley (étudiant le jeu). Tu n'as pas joué à ça tout l'après-midi. Qu'est-ce que tu as fait?

Tony. Réfléchi.

Charley. Conclusion?

Tony. Renner et puis Paul, ça te fait deux hommes en moins.

Charley. C'est pas une conclusion, ça. C'est le problème.

Tony. Je peux te dire où est ton argent, maintenant. Tu as une bien meilleure raison de me garder. (Montrant ses menottes.) Seulement, tu m'enlèves ça!

Charley, tout souriant, se renverse contre le dossier de sa chaise et tire sur son cigare.

Charley. Si tu peux me dire où est mon argent, tu as ma parole.

Tony. Dans le veston de Paul.

Rizzio et Mattone se rapprochent, attentifs.

Tony. C'était hier, dans le canot. Je ne tenais pas à ce qu'on trouve ces billets dans ma poche. Alors, je les ai mis dans la sienne.

Rizzio est le premier à réagir.

Rizzio. Quel veston?

Tony. On l'a enterré avec!

Rizzio (effaré). Il va falloir le déterrer ?

Mattone (furieux). C'est lui qui prend la pelle !

Tony tend ses menottes à Charley.

Tony. J'ai ta parole ! Sors ton canif !

Ils ont tous haussé la voix. Au milieu de l'énervement, Charley est le seul à rester impassible. Il met la main dans sa poche, mais ce n'est pas le canif qu'il sort. Ce sont les quize mille dollars.

Il les défroisse avec application sous les yeux des trois autres, muets d'étonnement.

Charley. Pepper les a trouvés en habillant son frère.

Mattone et Rizzio retrouvent le sourire. Il n'y a que Tony qui ne sourit pas.

Tony. Et tu n'as rien fait ?

Charley (rentrant l'argent). Je suis peut-être arrivé à la même conclusion que toi, Froggy. Dis toujours.

Tony se lève et va vers la fenêtre. Il n'est plus aussi sûr de lui.

Tony (le dos tourné). Si tu me prenais avec toi, dans le coup que tu prépares, j'aurais de quoi traverser le Canada jusqu'à Vancouver. Et puis le Pacifique jusqu'en Australie.

Mattone. C'est plein de kangourous, l'Australie. Ils vont te boxer.

Charley (sec). Mattone, va faire de la peinture avec Rizzio.

Mattone ne bouge pas et continue de regarder Tony en faisant craquer les jointures de ses doigts. C'est Rizzio qui bouge.

Rizzio. D'accord, Charley.

Il entraîne Mattone dans le couloir. Charley se dirige vers la porte et la ferme.

Tony. Mattone peint, lui aussi ?

Charley. Oui. On est tous une bande d'artistes, dans la baraque.

Il va s'asseoir sur le lit.

Charley. Ta chambre, à Paris, elle est toujours à toi ?

Tony, qui ne voit pas où il veut en venir, fait signe que oui.

Charley. Je te la joue.

Tony. Contre quoi ?

Charley. Je vais te dire ce que tu as fait cet après-midi. Si je me trompe, tu la gardes.

Un silence, Tony est immobile de l'autre côté de la pièce.

Charley. D'abord, tu as mangé de la tarte aux roses... Moi, je trouve ça infect, mais chacun ses goûts. Ensuite, tu es monté ici avec Sugar... Moi, je trouve ça infect mais Sugar a le droit de passer son temps comme elle veut...

Silence encore. Tony tire de sa ceinture son porte-clefs en forme de cœur. Sans un mot, il le lance à Charley.

Charley l'attrape et le fait sauter dans sa main. Il conserve un léger sourire.

Charley. Tu te défends comme un lion, Froggy.

Il lui fait signe d'approcher. Tony obéit, pas très rassuré. Charley sort son canif et lui enlève ses menottes.

Charley (se levant). Tu sais, l'Australie, j'y suis allé pendant la guerre. Moi, je trouve ça infect... Mais c'est ta vie, après tout.

Il ouvre la porte pour sortir.

Tony. Il y a autre chose, Charley.

Charley. Oui ?

Tony. Sugar m'a refait mon pansement... Ce n'est pas une balle que j'ai reçue, c'est un coup de couteau.

Charley. D'un flic de New York?

Tony. Nous nous sommes battus. C'était *mon* couteau.

Charley revient dans la pièce. Il n'y a rien sur son visage qui puisse montrer ce qu'il pense.

Charley. Et pourquoi tu me dis ça?

Tony. Pour que tout soit clair.

La réaction de Charley est si soudaine, si brutale, que Tony n'a pas le temps d'esquisser un geste. Charley l'attrape à deux mains par le col de sa chemise et le projette violemment vers la porte.

Il le tire hors de la chambre, sans un mot, visage dur, avec son cigare entre les dents.

Il lui fait dévaler les marches. Tony, qui manque de tomber, se rattrape à la rampe comme il peut.

En bas, avec la même violence muette, il le tire hors de la maison.

Sugar et Pepper ont surgi sur le seuil de la cuisine et contemplent, effarées, cette sortie en force.

De l'autre côté de la prairie, Charley ouvre un battant de porte, envoie Tony d'une poussée au centre de la grange.

Elle est éclairée par des ampoules nues.

Mattone et Rizzio sont en train de peindre en gris les flancs du camion de pompiers. Ils gardent en l'air leurs gros princeaux, abasourdis.

Charley va droit au mur du fond. Il accroche le porte-clefs de Tony à un clou, et il revient vers lui en sortant son revolver de son harnais de cuir.

Il est essoufflé, mais il a toujours son cigare à la bouche.

Sugar et Pepper sont arrivées en courant derrière les deux hommes.

Charley (à Sugar). Ferme cette porte !

Elle referme le battant ouvert.

Charley met le revolver dans les mains de Tony, qui lui aussi recherche son souffle et ne comprend pas ce qui lui arrive.

Charley. Il y a six balles ! Tu vas en tirer cinq, aussi vite que tu peux ! Si ton porte-clefs est toujours là, je te mets la dernière dans la tête ! C'est clair, ça ?

Tony est incapable de prononcer un mot. Il regarde les autres, immobiles. Seule, Sugar se fait du souci pour lui.

Il respire un bon coup. Il vise le porte-clefs.

Il fait feu deux fois, à la file, sans atteindre la cible. Il tire la troisième balle moins vite, la quatrième encore moins vite.

Le porte-clefs est toujours rivé à son clou.

Mattone. Plus qu'une !

Tony vise avec une application désespérée, après avoir essuyé sa main moite à son pantalon.

Mattone. Tu manques !

Déconcerté, Tony tire au même moment. Et manque.

Il fait face aussitôt à Charley. Instinctivement, c'est sur lui qu'il braque le revolver avant qu'on le lui reprenne.

Personne ne bouge.

Charley. Eh bien, tire.

Tony crispe son doigt sur la détente, mais il recule, il ne peut pas. Et puis, Mattone fait un brusque mouvement avec son pinceau. Tony se retourne et tire sur lui.

Il y a un déclic et c'est tout.

Mattone s'est figé net.

Dans le silence, Charley sort de sa poche une balle à bout doré, qu'il tient entre le pouce et l'index.

Charley. Un professionnel devrait le savoir, on laisse toujours une chambre vide dans un revolver. (A Mattone, avec colère.) Rizzio n'a pas bougé, lui ! Il le sait !

Il prend en même temps l'arme des mains de Tony, il introduit la balle dans le chargeur.

Mattone (furieux). N'empêche qu'il a voulu me tuer ! Il a tiré !

Charley. Exact. Il marque un point.

Se détournant d'un mouvement soudain, Charley fait feu sans viser.

Sur le mur du fond, le porte-clefs saute avec son clou.

On voit alors les trous qu'a faits Tony et qui sont rassemblés sur quelques centimètres.

Charley. En plus, il tire pas si mal.

Sugar pose le faisan tué par Pepper sur la table. Il est maintenant rôti à point, et elle se met à le découper. Elle a planté trois plumes roux et or dans le plat, pour faire bien.

Ils sont tous, comme la veille au soir, le nez dans leurs magazines. Il n'y a que Rizzio qui ne lit pas. Lui, il écrit. Il a une feuille de papier à côté de son assiette et un crayon entre les doigts. Il le porte de temps en temps à la bouche pour mouiller le bout.

Rizzio. Charley? C'est « my soul to keep[1] »?

Charley lui jette un coup d'œil distrait.

Charley. Oui.

Sugar, pendant ce temps, sert les uns et les autres. Charley d'abord, puis Pepper, puis Tony. Pepper mange avec ses doigts. Quand Sugar sert Mattone, celui-ci regarde le morceau qu'elle a donné à Tony, le juge meilleur, se soulève et change les assiettes. Tony ne dit rien.

Mattone (à Rizzio). Qu'est-ce que tu fais?

Rizzio. Je recopie la prière de Charley.

Mattone. A quoi ça peut te servir? C'est une prière pour les chrétiens.

Rizzio réfléchit à la remarque. Et puis, il se remet tranquillement à écrire.

Rizzio. C'est pas marqué là-dedans. Il y a marqué Dieu, c'est tout.

Mattone. N'empêche que c'est le Dieu des chrétiens!

Rizzio. N'empêche que c'est pas marqué.

Le ton monte entre les deux hommes.

Mattone. Pauvre andouille! Il n'y a qu'un Dieu!

Rizzio. Justement.

Mattone (criant). Alors, pourquoi tu écris ça?

Rizzio. Parce que le mien, c'est Dieu.

Mattone (frappant sur la table). Dix dollars que c'est le nôtre!

Rizzio (frappant aussi). Tenu!

Ils se sont dressés tous les deux et se serrent la

1. « Veiller sur mon âme. »

main avec défi. Dans le silence, Charley pousse un soupir et reprend sa lecture.

Ils se rassoient. Mais Mattone n'est pas calmé.

Mattone. Où est la moutarde ?

Sugar. Dans la cuisine.

Mattone. Pepper, va me la chercher.

Pepper ne s'arrête ni de manger avec ses doigts, ni de lire, visage fermé.

Mattone. Pepper, je te parle.

Sugar (se levant). J'y vais.

Mattone. Toi, reste là ! C'est à elle d'y aller ! Elle touche sa part sur l'affaire uniquement pour des choses comme ça ! (Se penchant vers Pepper.) Tu m'entends ? Va me chercher la moutarde !

Pepper ne bouge pas davantage.

Mattone lui attrape le poignet et se met à le tordre. Elle a mal, mais ne dit rien. Il tord de plus en plus.

De l'autre côté de la table, Charley pose simplement sa fourchette à côté de lui et la fait glisser, d'un coup sec, en direction de Pepper.

Il y a une telle entente, entre elle et lui, que le reste ne dure qu'une seconde : elle attrape la fourchette de sa main libre et la plante de toutes ses forces dans le bras de Mattone.

Il saute de sa chaise en hurlant. Les autres se lèvent d'un bond, sauf Charley qui regarde Pepper, et Pepper qui ne regarde personne.

Mattone (criant). Vous avez vu ce qu'elle a fait ? Vous avez vu ?

S'apercevant que le sang commence à tacher la manche de sa chemise, il devient hystérique.

Mattone. ... De la popeline d'importation à vingt-trois dollars !...

Sugar s'est précipitée pour l'aider.

Sugar. Oh assez !... Rizzio, l'eau oxygénée, dans la salle de bains !

Rizzio s'en va vers l'étage. Sugar fait asseoir Mattone et éponge le sang qui coule sur son avant-bras avec une serviette.

Mattone (hargneux). C'est pas ma faute, à moi, si son frère est mort ! Elle n'a qu'à s'en prendre à celui qui l'a balancé de la voiture.

Instantanément, Pepper tourne la tête vers lui.

Sugar. Tais-toi, Mattone.

Mais Mattone regarde Pepper dans les yeux. Et il tend son bras libre pour montrer Tony.

Mattone. C'est lui qui l'a balancé, pas moi !

Sugar. C'est pas vrai !

Pepper regarde Tony, longuement. Et puis, elle se lève de table, sans un mot et sort de la salle.

Sugar jette sa serviette à la figure de Mattone.

Sugar. Va te faire soigner ailleurs !

Mattone (éberlué). Qu'est-ce que je t'ai fait, à toi, Sugar ?

Elle ne répond pas. Elle revient s'asseoir à sa place.

Charley. Monte, Mattone.

Le grand boxeur obéit, découragé.

Mattone. Une chemise à vingt-trois dollars !...

Charley ne quitte pas Sugar des yeux, tandis que le blessé monte lourdement l'escalier.

Charley. Froggy, lui, tu l'as soigné cet après-midi. Au fait, qu'est-ce que c'était ?

Sugar (mal à l'aise). Quoi donc ?

Charley. Sa blessure.

Ils se regardent dans les yeux, de chaque côté de la table. Charley attend une réponse qu'il connaît d'avance et il peut suivre, sur son visage, la lutte intérieure de Sugar. Quoi qu'elle réponde, elle trahit ou Charley ou Tony.

Elle tourne les yeux vers celui-ci, qui sait également que la réponse est inutile et qui évite son regard.

Charley. J'attends.

Elle prend son visage entre ses mains.

Sugar. Je ne peux pas, Charley, je ne peux pas.

Charley hoche la tête et se lève.

Charley. A ce train-là, Sugar, il ne me restera bientôt plus personne.

Il va vers un meuble, en sort une bouteille de whisky et un verre. Il va s'asseoir sur un canapé. Sugar le suit des yeux.

Sugar (triste). Ne bois pas, Charley. On ne boit pas avant un travail.

Charley. Faut croire que les choses ne sont plus comme avant. Moi aussi, je vieillis.

Il se sert une bonne rasade. Sugar se lève et vient à pas lents se placer devant lui.

Sugar. Je ferai ce que tu voudras, Charley.

Charley la regarde un long instant, sans rien dire. Et puis, il avance un bras vers elle, il la fait s'approcher davantage.

Charley. Amuse-toi avec Froggy, si ça te plaît. Je n'ai rien contre. Mais je voudrais que tu m'avertisses quand quelque chose peut me renvoyer derrière les barreaux. (Un temps.) Parce que, de toute façon, je ne retournerai pas derrière les barreaux.

Il lâche Sugar, qui est bouleversée, qui fait plusieurs fois oui de la tête pour dire qu'elle comprend.

Charley. Maintenant, je vais boire tranquillement un verre ou deux. Juste pour me sentir un mari esquimau.

Il boit une gorgée de whisky. Comme il l'a dit : tranquillement.

Dans le couloir de l'étage, Sugar transporte à grand bruit le lit-cage en fer qui était dévolu à Tony.

Mattone, Rizzio et Tony, quelque peu effarés, sont en haut des marches et la regardent se battre avec son fardeau pour le faire entrer dans la chambre de Charley. Aucun des trois ne bouge pour l'aider.

Elle ne s'attend d'ailleurs pas à ce qu'on l'aide. Elle s'escrime toute seule, comme une grande.

Elle finit par tirer à elle le lit-cage dans la chambre. Elle le laisse au pied du grand lit, rafle quelques vêtements et objets qui lui appartiennent, et ressort.

Rizzio est sur la porte, perplexe.

Rizzio. Et qui va dormir là-dedans ?

Sugar (sur le même ton). Et qui va dormir là-dedans ?

Elle s'en va sur le palier.

Plus tard, dans la nuit, Rizzio est couché tout recroquevillé dans le lit-cage. Il a mis une chaise sous ses pieds pour l'agrandir. Il ne dort pas.

Charley, dans le grand lit, ne dort pas non plus.

Ils sont dans la pénombre, éclairés seulement par la clarté de la lune, au-dehors.

Rizzio (bas). Charley.

Charley. Oui.

Rizzio. Peut-être qu'on pourrait réussir, à trois ? Et qu'on n'a pas besoin de Froggy.

Charley. Il y a déjà assez de « peut-être » dans cette affaire.

Silence. Et puis, soupir de Rizzio.

Rizzio. Moi, j'ai confiance. Froggy tiendra le coup.

Silence encore. Rizzio se lève et ramasse sa couverture.

Rizzio. Je dormirai jamais là-dedans.

Il va vers la porte, en pyjama.

Dans une chambre voisine — celle de Rizzio précisément —, dans la clarté d'une lampe de chevet, le visage de Sugar après l'amour. Elle est encore tout contre Tony. Lui s'écarte en entendant du bruit sur le palier. Une porte qui s'ouvre et se ferme. Quelqu'un qui descend les marches.

Sugar (un murmure). C'est Rizzio. Il va dormir en bas.

Tony se détache d'elle, prend une cigarette sur la table de nuit.

Sugar (lui donnant du feu). Parle-moi.

Tony. Qu'est-ce que j'aurai à faire avec Charley ?

Sugar. C'est à Charley de te le dire. Parle-moi d'après.

Tony. Je ne sais pas.

Il sort du lit. Sugar se laisse retomber sur l'oreiller.

Sugar. Moi, je sais... Charley habitera au Ritz, à Paris. On le verra sur tous les champs de courses, avec une comtesse italienne, et tu sais comment il appellera ses chevaux ?... Comme nous.

Elle regarde Tony qui a passé son pantalon et qui va se planter devant la fenêtre, la poitrine bandée.

Tony. Et puis ?

Sugar. Rizzio achètera une ferme dans le Saskatchewan. Il aura une gentille épouse à moitié juive, à moitié indienne. Et tu sais comment il appellera ses enfants ?... Comme nous.

Tony regarde par la fenêtre et fume sa cigarette.

Sugar. Pepper retournera à La Nouvelle-Orléans. Elle apprendra les belles manières et ne mangera plus avec ses doigts. Quant à Mattone, il se paiera un harem et finira dans une salle de boxe minable, avec un poulain qui n'a pas le punch.

Tony. Et toi ?

Sugar (doucement). Et *nous*.

Silence.

Sugar. Tu n'es pas d'accord ?

Silence encore.

Sugar. Reviens te coucher.

Tony. Je n'ai pas sommeil.

Depuis qu'il s'est écarté d'elle dans le lit, qu'il s'est levé, qu'il a passé son sacré pantalon, elle s'est bien rendu compte qu'elle est en train d'aimer à sens unique, mais elle a parlé beaucoup, sans rien montrer. Et maintenant, la colère la gagne.

Sugar. Méfie-toi, camarade. Méfie-toi.

Elle éteint la lampe de chevet.

LA POUPÉE

Tony s'est endormi sur une chaise, à côté de la fenêtre, et par la vitre derrière lui on voit au-delà des arbres le soleil rouge du troisième jour.

Sugar (chuchotant). Tony!... Tony!...

Elle est près de lui, en chemise de nuit, et elle le secoue par l'épaule.

Tony. Quoi?

Sugar. Habille-toi. On s'en va.

Elle lui tend un veston qui a dû appartenir à l'un de ses maris ou Dieu sait qui, un veston de velours prune, à gros boutons blancs.

Ils parlent bas tous les deux.

Tony (stupéfait). Où ça?

Sugar. Quelque part où personne ne viendra nous chercher.

Elle donne l'exemple. Elle ramasse ses vêtements sur un fauteuil. Tony enfile machinalement le veston qu'elle lui a donné, à même la peau.

Sugar. Je connais un endroit de l'autre côté de la frontière...

Tony. Écoute, il faut réfléchir, Sugar.

Sugar. Ça fait des heures que je réfléchis. On s'en va.

Tony. Mais pourquoi ?

Sugar. Parce que j'ai peur !

Elle se dégage, mais il lui enlève ses vêtements des mains et les envoie de l'autre côté de la chambre.

Sugar. Je ne sais pas ce que tu fuis, mais ce n'est pas la police. Tu parles d'enfants morts dans ton sommeil. Ton hold-up, c'est des mensonges ! Alors voilà : je dois le dire à Charley, et je ne veux pas qu'il te tue.

Elle revient vers lui, tête basse.

Sugar. Et si ce n'est pas Charley, c'est Pepper qui te tuera.

Tony se détourne, plein de lassitude.

Tony. Ici ou ailleurs, on me tuera de toute façon.

Sugar. Qui ?

Tony hausse les épaules. Ils se regardent en silence, Sugar essayant de comprendre, quand soudain il y a un coup de feu dehors.

Tony est le premier à la fenêtre.

Au bord du fleuve, dans la lumière du matin, Mattone tient Pepper à genoux dans l'herbe. Rizzio essaie de le calmer. Les deux hommes sont pieds nus, à demi habillés. Pepper, elle, est vêtue entièrement. Sa Winchester et une valise gisent dans la prairie.

Tony voit cela d'un coup d'œil. Il se précipite vers la porte de la chambre.

Sugar. Tony ! Ne te mêle pas de ça !...

Elle essaie de le retenir, mais il la repousse brutalement et tire la porte derrière lui.

Sugar. Tony !...

En bas, dans la prairie, Pepper est par terre et

se débat sous la poigne du boxeur, qui la tient par les cheveux.

Rizzio. Ça suffit, quoi ! Mattone !...

Venant de la maison à toute allure, dans son veston de velours prune, Tony surgit soudain et saute sur le boxeur, en pleine course. Ils roulent tous les deux sur le sol, se relèvent en même temps.

Sitôt debout, Mattone frappe Tony — droit sur le pansement qu'il porte à la poitrine. Et puis, il l'ajuste tout à son aise, scié par la douleur, et l'envoie au sol d'un coup à la mâchoire.

Il s'approche de son adversaire hors de combat, prêt à le frapper encore, quand quelqu'un s'interpose.

C'est Charley, essoufflé. Lui aussi est pieds nus et en pyjama. Il pousse Mattone en arrière, avec le canon de la Winchester.

Mattone (plaintif). Je vais t'expliquer, Charley !

Charley actionne brutalement, sous son nez, le levier de sous-garde de la carabine, les yeux emplis d'une rage froide.

Charley (menaçant). Vas-y ! Essaie d'ouvrir la bouche !...

Mattone, statufié, se tait.

Charley. Je ne veux plus t'entendre une seule fois jusqu'au partage ! Tu m'entends ? Plus un mot !

Mattone fait oui de la tête, muet.

Charley (à Rizzio). Qu'est-ce qui s'est passé ?

Derrière lui, cheveux en désordre Pepper s'est relevée. Tony est resté à terre, du sang sur son pansement.

Rizzio. Pepper voulait partir. Je l'ai empêchée de prendre le canot.

Charley. Sur qui elle a tiré ?

Rizzio. Sur Mattone.

Tony, péniblement, se remet debout à son tour.

Charley. Rentre, Rizzio. (A Mattone :) Toi aussi ! Ramasse cette valise !

Le boxeur veut dire quelque chose, mais Charley le lui interdit d'un mouvement sec de la carabine. Alors, il prend la valise dans l'herbe et il suit Rizzio vers la maison.

Charley (à Pepper). Il suffisait qu'on t'arrête pour vagabondage, tu aurais tout déballé.

Cheveux dans les yeux, malheureuse, Pepper fait non de la tête, non.

Charley. Cette affaire, je la réussis ou je crève. Je ne laisserai personne derrière moi. Même toi, Pepper.

Il parle calmement, mais la carabine est braquée maintenant sur la jeune fille.

Charley. Tu restes ou non ?

Elle tourne ses yeux emplis de larmes vers Tony. Instantanément, son visage devient farouche et dur.

Pepper. C'est lui ou c'est moi.

Tony est immobile, à quelques pas d'eux. Il voit bien la haine qu'il y a dans le regard de Pepper.

Tony. Donne-lui cette carabine, Charley. Qu'on en finisse une fois pour toutes.

Charley. Tu crois peut-être qu'elle n'est pas chargée ?

Il tire en l'air en la tenant d'une seule main. La déflagration fait partir d'un coup une volée d'oiseaux dans le bois alentour.

Tony. Donne-lui cette carabine.

Charley envoie la Winchester à Pepper. Elle la braque sur Tony.

Pepper. C'est vrai que vous avez tué mon frère ?

Il fait oui de la tête, comme malgré lui. Elle actionne le levier de sous-garde pour faire entrer une balle dans le canon. Il ne quitte pas l'arme des yeux, jusqu'à ce que la jeune fille, s'avançant encore, soit trop près de lui. Alors, c'est elle qu'il regarde, sentant la Winchester contre son ventre.

Ils restent ainsi plusieurs secondes, cette balle prête à partir leur coupant la respiration à tous les deux. Et puis, doucement, quelque chose se déchire dans le cœur de Pepper, les larmes affluent à nouveau dans son regard et elle laisse retomber sa carabine à bout de bras.

Sans détacher les yeux des siens, Tony s'assoit dans l'herbe et respire. Charley reprend la Winchester, mais la jeune fille ne s'en rend même pas compte.

Charley (rasséréné). Tu marques encore un point, Froggy.

Il les laisse là, il s'en va vers la maison.

Pepper continue de regarder Tony, et il n'y a plus, en elle, que de l'étonnement, comme quelqu'un qui ne sait pas ce qui lui arrive. Elle se laisse glisser à genoux et elle essuie, avec sa main, un peu de sang qu'il a au coin de la bouche.

Tony. Je ne m'appelle pas Froggy… Tony !

Elle sourit, elle aussi. Du moins, elle essaie. Un sourire fragile, encore tout craintif devant un sentiment qu'elle ne connaît pas.

Pepper. Je ne m'appelle pas Pepper… Myrna !

Toujours sans se quitter des yeux.

Plus tard dans la matinée.

Une grosse voiture américaine, couleur ivoire, pénètre dans l'île à toute allure en faisant un bruit de catastrophe sur les planches mal jointes du pont.

Elle prend le chemin de terre à travers la forêt, soulevant la poussière derrière elle.

L'homme au volant a une quarantaine d'années, une figure de faux jeton, un costume un peu voyant. Il tient une allumette entre ses dents. C'est Mastragos.

Dès qu'il est passé, le chef des gitans et ses deux compagnons sortent de derrière les arbres où ils étaient dissimulés. Ils suivent des yeux la voiture qui s'éloigne, attentifs et patients.

Quelques instants plus tard, elle s'arrête près de la maison, devant Charley venu à sa rencontre. Les autres sont sous la véranda.

Mastragos descend et claque la portière.

Mastragos. Salut, Charley.

Charley. Salut.

Charley fait le tour de la voiture, sans prêter grande attention au nouvel arrivant. Il ouvre le coffre arrière. Il y a deux caisses à l'intérieur. Il arrache le couvercle de l'une d'elles avec un démonte-pneu.

Elle contient trois fusils à canon scié, un à canon long et deux grenades.

Charley. Et les cartouches ?

Mastragos. Dans l'autre caisse.

Charley l'ouvre aussi. Il prend ensuite une des grenades dans sa main. Ce sont des grenades en forme d'œuf, avec un anneau pour dégoupiller.

Il remet l'arme en place et referme la caisse. Rizzio, Mattone et Tony se sont approchés. Mastragos regarde Tony avec insistance, tout en ouvrant une portière.

Charley. C'est Froggy. Il est avec nous. (A Tony :) Mastragos.

Mastragos sort de la voiture des smokings noirs sur des cintres, recouverts d'une housse. Il y a quatre cintres en tout.

Mastragos (brusquement). Renner est mort.

Charley (tranquille). J'ai appris ça par la télé.

Mastragos. Ça ne te gêne pas ?

Charley. Pourquoi ? Tous les plans qu'il devait me fournir, je les ai.

Mastragos essaie d'avoir l'air convaincu. Charley ne quitte pas des yeux sa figure de faux jeton. Et puis il se met à marcher en direction de la véranda. Mastragos le suit avec les cintres. Et les autres aussi.

Seul, Tony reste en arrière, les regardant s'éloigner.

Sous la véranda, Mattone enfile un veston de smoking et observe son reflet dans la vitre de la porte d'entrée. Il se trouve beau.

Rizzio essaie, lui aussi, le vêtement qui lui est destiné. Charley a reçu le sien et l'a posé en travers de la rampe de la véranda. Il en reste encore un dans les mains de Mastragos.

Mastragos. Où est Paul ?

Charley. En ville.

Mastragos lance un regard vers le canot qui est amarré au ponton. Et puis il regarde Pepper. Pendant un instant, on n'entend que le bruit monotone d'une chaise à bascule sur laquelle est assise Sugar, et qui grince.

Mastragos (tendant le smoking). Pour ton frère, Pepper.

Tandis que Rizzio et Mattone ôtent leur veston, Charley sort ses quinze mille dollars. Mastragos les prend, l'air méfiant, pas très satisfait.

Charley. Quinze mille. C'est ce qu'on avait dit.

Mastragos descend les marches de la véranda, tout en comptant les billets. C'est un homme assez corpulent, mais qui se déplace avec beaucoup de souplesse.

Charley. Tu devais aussi me fournir une voiture, Mastragos.

Mastragos. Tu l'auras.

Charley. Quand ?

Mastragos ne répond pas. Il s'est éloigné de quelques mètres. A présent, ils sont tous d'un côté et lui de l'autre.

Se retournant vers eux, il place l'argent dans la poche arrière de son pantalon : un pistolet automatique noir est glissé dans sa ceinture. Il en déplace la crosse pour être sûr de la saisir facilement. Aucun des autres n'est armé.

Mastragos. J'ai des inquiétudes, Charley.

Silence de l'autre côté. La chaise à bascule de Sugar continue de grincer tranquillement. Charley tourne les yeux vers Rizzio et leurs regards se croisent. Rizzio, assis sur une marche, sort une boule de billard de sa poche, une boule blanche, et se met à jouer avec, les yeux baissés.

Mastragos. Renner qui est mort, Paul qui n'est pas là, tout ça me tracasse... Je risque gros, moi aussi.

Il regarde en direction du trou que Rizzio et Mattone ont creusé au bord de l'eau, avant d'en creuser un autre sous les arbres. La pelle de Mattone est restée abandonnée sur le monticule de terre.

Le visage de Mastragos se fige en un sourire crispé.

Mastragos. Eh, tu refais ta pelouse, Charley?... On peut voir?

Il s'avance vers le trou. Rizzio a descendu les marches de la véranda et le suit à pas lents. Il s'immobilise à une quinzaine de mètres de Mastragos. Les autres n'ont pas bougé.

Mastragos regarde le trou, qui est grand pour un homme, il remue du bout du pied la terre du monticule.

A ce moment, avec une soudaineté et une précision stupéfiantes, Rizzio lance sa boule de billard de toutes ses forces.

Elle frappe Mastragos en pleine tête, lui brisant le crâne. Il tombe sur les genoux en portant les mains à sa tête et il s'écroule de tout son long, tué net.

Rizzio s'approche, lui reprend les quinze mille dollars et le pousse du pied dans le trou.

Charley est le premier à le rejoindre. Rizzio lui donne l'argent, attrape la pelle laissée sur le monticule et se met aussitôt à combler la tombe.

Tout s'est passé avec une rapidité terrible.

Charley le regarde faire un instant, rentrant l'argent dans sa poche, et puis il marche à grands pas vers la voiture de Mastragos.

Charley (à Mattone). Toi, aide-le.

Il s'appuie sur le capot de la voiture, donne un coup de pied dedans, s'accroupit, observe avec attention les pare-chocs en forçant dessus.

Elle est neuve, ou presque, et a l'air solide.

Ensuite, il revient vers la véranda. Les deux femmes sont silencieuses, encore sous le coup de ce qu'elles viennent de voir. Charley prend le smoking de Paul dans les bras de Pepper, et il le donne à Tony.

Charley. Essaie-le.

Tony enfile le veston. Il est mal à l'aise de prendre ouvertement la place de Paul et son regard ne quitte pas celui de Pepper.

C'est dur, pour elle aussi. Mais elle a un mouvement de tête pour lui dire que ça va — enfin, que ça lui va bien.

Sugar assiste à cela, visage impassible. Mais rien ne lui échappe.

Au bord du fleuve, Rizzio et Mattone comblent à grands coups de pelle la tombe de Mastragos.

C'est l'après-midi, Rizzio est assis sur les marches de la véranda, le gros appareil Polaroïd entre les mains. Il a passé une veste de grosse laine pour aller en ville.

Sugar sort de la maison.

Rizzio. Il reste une photo avant de changer de rouleau. On pourrait se prendre tous ensemble?

Sugar (indifférente). Formidable.

Elle se dirige vers Charley.

Lui aussi a passé une veste pour aller en ville. Il range les fusils à canon scié dans le coffre de la voiture de Mastragos, en les vérifiant un à un.

Il voit venir Sugar à travers le canon du dernier. Il le fait sauter dans sa main, appréciant son poids, son volume.

Sugar. Ce sera le tien ?

Charley. Oui.

Elle lui prend le fusil, détache une bague qu'elle a au doigt. C'est une grosse pierre bleue, sans valeur, mais qui brille au soleil. L'anneau n'est pas fermé, pour s'adapter à toutes les mains.

Elle glisse la bague autour du canon du fusil, et l'enfonce jusqu'au chargeur.

Sugar. Juste pour le reconnaître.

Il la regarde longuement avant de reprendre l'arme. Et puis, il sourit, place le fusil avec les autres et referme le coffre.

Quelques minutes plus tard, ils sont tous alignés dans la prairie — sauf Rizzio — avec des visages et des attitudes un peu empruntés, un peu graves.

Rizzio. Ne bougez plus !

Il a placé le Polaroïd sur le capot de la voiture de Mastragos. Il appuie avec précaution sur le déclencheur à retardement et il court rejoindre les autres.

Ils sont trop loin pour l'entendre mais, seconde par seconde les déclics se succèdent dans l'appareil livré à lui-même.

Et puis, sur un déclic plus fort, la photo est prise.

Ils restent figés dans la même attitude. Ils ne savent pas que c'est fini.

Il faut que Charley en ait assez pour que le groupe reprenne vie. Il pousse un soupir énergique et s'en retourne vers la véranda. Alors, les autres en font autant.

Rizzio, accouru à la voiture, tire le film du Polaroïd. Il le laisse sécher à bout de bras en revenant vers la maison.

Dans la salle, il découvre la photo en couleurs et

la passe avec fierté à Charley qui s'est assis sur un canapé.

Charley. Pas mal.

Il tend l'épreuve à Sugar, mais, au moment où elle la prend, il change de visage et la ramène à lui.

Charley. Montre !

Il regarde à nouveau, stupéfait.

Les autres, rassemblés autour du canapé, ne comprennent pas ce qui lui arrive et se penchent par-dessus son épaule pour voir la photo.

Celle-ci est réussie, une vraie photo de famille : ils sont là, tous les six, un peu gauches, un peu trop graves, tels qu'ils étaient pendant que l'appareil les prenait. A un détail près : ils ne sont pas six, mais sept !

La majorette blonde est avec eux.

Elle est debout comme eux, sur fond d'herbe verte et de ciel, entre Sugar et Charley, dans son costume blanc et or, et elle sourit fixement à l'objectif — transportée là comme par magie.

Le premier moment de stupeur passé, Charley se tourne vers Rizzio, quêtant une explication.

Rizzio (embêté). La photo était déjà prise !

Charley. Qui avait l'appareil, hier ?

Personne ne répond, mais tous les regards se tournent vers Mattone. Le boxeur perd contenance, essaie de sourire, veut se disculper.

Charley (furieux). Je t'ai interdit de parler !

Rizzio (accommodant.) Il a photographié une fille, quoi !

Charley examine à nouveau le visage de la majorette. C'est une fille blonde, plutôt jolie, qui sourit, rien d'autre. Qu'est-ce qu'il peut y avoir d'inquiétant à cela ?

Marseille, le quartier de la Cathédrale.

La petite fille en robe blanche qui emménageait avec sa mère et son frère dans une librairie vide est assise sur le trottoir et pleure.

Sa mère, qui vient de la rejoindre, est penchée sur elle.

La mère. ... Qui t'a fait tomber?... Dismoi!... Qui a sali ta robe?...

Les sanglots empêchent la petite fille de répondre. La mère se retourne, cherchant des yeux le chenapan qui a fait ça. Si jamais elle le retrouve, c'est certain, il va passer un mauvais moment.

Des gouttes colorées tombent une à une dans un verre d'eau.

La majorette blonde, assise à une table, se verse un remède à l'aide d'un compte-gouttes, l'air attentif, avec des lèvres qui remuent.

Une voix d'homme s'élève derrière elle :

— Il vous a photographiée, et vous ne vous êtes pas méfiée?

La majorette. ... J'aime bien qu'on me photographie.

La voix. Et ensuite?

La majorette. Ensuite, knock-out.

La voix. Enfin, vous avez bien remarqué quelque chose chez ces deux hommes?

Elle fait une moue enfantine avec les lèvres,

et c'est tout. Et puis, brusquement, elle s'arrête de compter ses gouttes, se rappelant.

La majorette. Si !... Celui qui est venu après... Il avait une montre à chaque poignet !

L'homme qui est avec elle pousse un soupir de lassitude. Il est grand, patient, d'une patience administrative : Barney.

Ils se trouvent tous les deux dans la chambre de la jeune fille, une chambre d'appartement familial, très blanche, très féminine. Le déshabillé de la jeune fille est blanc également.

Toute contente d'avoir trouvé quelque chose à dire, elle finit de verser son remède et referme soigneusement le flacon. Elle se retourne vers l'inspecteur, blonde, nette, avec de petites boucles qui lui retombent sur le front.

La majorette. ... J'ai même pensé que c'était pas pratique. Quand les deux montres ne marquent pas la même heure, on n'est plus sûr de rien.

L'inspecteur Barney, muet de consternation, suit des yeux tous ses gestes.

Elle prend le verre sur la table, elle s'approche d'une azalée en fleur, dans un pot. Elle verse avec précaution le contenu du verre autour de la plante.

Le policier, qui était assis dans un fauteuil, se lève, renonçant.

L'inspecteur Barney. Eh bien, je pense que ce sera tout, Mademoiselle...

Il cherche son nom.

La majorette. Isola. Vous savez, ça veut dire « île » en italien !

Il acquiesce, il va vers la porte. Au moment où il l'ouvre pour sortir, elle lui décoche encore une de ces phrases dont elle a le secret.

La majorette. Dites, j'aurai ma photo dans le journal ?

Elle le regarde avec de grands yeux pleins d'espoir.

Le petit poste à essence pour bateaux, près de l'écluse, où un homme réparait un pneu le premier jour.

Charley et Tony sautent sur le quai. Pepper les a emmenés dans le canot.

Tony, par-dessus sa chemise et sa cravate, porte le veston de velours prune à boutons blancs. Avant de suivre Charley, qui se dirige vers le cabriolet stationné un peu plus loin, il échange un sourire d'au revoir avec la jeune fille.

Elle est en pull et pantalon noirs, elle a de longs cheveux qu'elle écarte pour le regarder. Il l'aime bien.

Et puis, allant à la voiture, son sang se fige. Derrière la baraque du poste à essence, deux des gitans de la station de chemin de fer sont debout dans le soleil et le regardent.

Ils ne tentent rien contre lui.

Tony monte à côté de Charley, et celui-ci met le moteur en marche, démarre sec.

Les gitans regardent la voiture s'éloigner, immobiles, visage muet. Simplement, ils sont là.

Le péage de l'autoroute Bonaventure, à l'entrée de Montréal.

Tandis que Charley jette une pièce dans le panier automatique, Tony voit Mattone, au volant de la voiture de Mastragos, qui passe en même temps les barrières par une voie parallèle.

Un peu plus loin, alors que les buildings de Montréal apparaissent brusquement à la sortie d'un virage, Charley double le gros camion de pompiers aux flancs repeints en gris. Une bâche recouvre tout le mécanisme de la grande échelle. C'est un camion comme il y en a tant.

Tony voit Rizzio au volant. Ils échangent un signe de la main au passage. Un signe de bonne chance. C'est réconfortant d'avoir Rizzio avec soi.

Plein centre de Montréal, cinq heures de l'après-midi.

Charley arrête le cabriolet au bord d'un trottoir.

Il se penche pour regarder à travers le pare-brise une esplanade cernée de bâtiments circulaires, à l'architecture moderne : la place des Arts.

Tony se penche aussi.

Tony. Qu'est-ce que c'est ?

Charley. Un théâtre. Ce sera notre point de départ.

Tony. Pour aller où ?

Ce n'est pas Charley qui répond.

Le Vieux Port de Marseille.

Les mâts des bateaux, les filets de pêche, l'eau qui renvoie en mille reflets les couleurs du soir, et puis les gamins. Les gamins qui sont ensemble devant la porte ouverte sur le large, et qui veulent jouer encore, et encore.

L'un d'eux — le garçon au canif rouge — est debout devant ses petits camarades assis sur le quai. Et il parle d'une voix exaltée, enthousiaste, avec des gestes et un visage passionnés.

Le chef des gamins... Mettons qu'on soit en Amérique! On attaque un gratte-ciel! Et on a tous les policiers de la ville contre nous!...

Et tous les autres l'écoutent, extasiés. Et ils se regardent et ils se sourient, et le petit Titou est parmi eux, dans sa veste de velours prune.

Le visage éberlué de Tony, regardant Charley, dans le cabriolet noir, à Montréal.

Tony (criant presque). Tu veux attaquer le siège de la police!...

Charley. Exact.

Il descend de voiture et claque la portière. Tony l'imite de l'autre côté.

Debout sur l'esplanade, Charley pointe son index vers l'un des hauts buildings du centre, qu'on voit à quelque distance, dans le soleil.

Charley. Là!... Dix-huitième étage!

Il fait quelques pas et Tony le suit, regardant le siège de la police. Il a du mal à se remettre de son étonnement.

Tony. Qu'est-ce que tu veux voler, là-haut?

Charley. Quelque chose qui n'a pas de prix,

Froggy. Ça peut valoir un million de dollars, et parfois rien du tout... En ce qui nous concerne, c'est un million de dollars.

Il revient vers la voiture.

Il se met au volant et Tony le rejoint en jetant un dernier coup d'œil au building de la police.

Tony. O.K. Quand ?

Il s'efforce de parler net, il fait le brave.

Charley. Tu me plais, Froggy. (Souriant :) Si c'était pas tes sacrées cigarettes, je crois même qu'on finirait par s'entendre.

Puis il met le moteur en marche.

Charley. C'est pour cette nuit, Froggy.

Un parking souterrain.

Mattone, au volant de la voiture de Mastragos, roule entre des files de véhicules, cherchant des yeux une place.

C'est le parking d'une grande société et des pancartes disent qu'il est strictement réservé au personnel.

Mattone laisse passer plusieurs emplacements libres. Il se gare au n° 135, face à un mur.

Il descend aussitôt, vérifie que c'est bien le n° 135, ferme sa portière à clef, et il s'en va d'un pas tranquille, en faisant craquer les jointures de ses doigts.

A peu pres au même moment, sur l'île.

Sugar fait la vaisselle, à l'évier qui se trouve devant la fenêtre de la cuisine.

Elle a soudain un haut-le-corps. Derrière la vitre, un inconnu la regarde. C'est l'un des tziganes, l'homme au couteau.

Sans même s'essuyer les mains, Sugar attrape la Winchester de Pepper, cachée derrière le gros frigo de l'auberge, et elle se dirige vers l'entrée.

Quand elle apparaît sur la véranda, deux notes de pipeau l'accueillent.

Le jeune musicien aux cheveux longs et au bandeau de cuir sur le front est adossé à la rampe. L'autre est devant la fenêtre de la cuisine, visage brun et calme, ses yeux noirs fixés sur la Winchester.

Sugar. C'est fermé ! Vous ne savez pas lire les pancartes ?

L'homme au couteau s'avance vers elle, d'une démarche qui est celle d'un félin.

L'homme au couteau. On ne reçoit pas avec un fusil quelqu'un qui vient demander de l'eau.

Il présente à Sugar le vieux seau en fer qu'il tient à la main.

Sugar. Il y a un robinet dehors.

Elle montre d'un signe du menton un endroit qui doit se trouver sous la rampe de la véranda, à côté des marches.

Le gitan s'écarte à reculons, toujours en regardant Sugar. Il y a, en effet, un robinet sous la rampe. Il l'ouvre et prend de l'eau.

L'homme au couteau. Vous êtes plus accueillante avec les autres. Les Français, par exemple.

Sugar ne répond rien. Elle tient sa carabine dirigée vers le sol. Il n'y a plus l'ombre d'une menace dans son attitude. Dans celle du gitan non plus. Il est grave, et d'une grande noblesse.

Il remonte les marches, avec le récipient qu'il a rempli.

L'homme au couteau. Vous m'avez donné de l'eau. Je vous raconterai une histoire pour vous remercier.

L'autre gitan, appuyé à la rampe, se met à jouer doucement l'air mélancolique qu'il jouait à la gare. Pour lui tout seul. Il ne regarde ni son compagnon ni la jeune femme.

Sugar. Ce n'est pas la peine.

L'homme au couteau. C'est une histoire très intéressante. Très triste, mais intéressante...

Il continue de s'avancer vers elle, et elle recule lentement. Elle ne peut plus détacher son regard du sien.

Soudain, elle relève sa carabine, avec une nervosité qui n'est pas d'elle, les yeux emplis de panique. Elle a déjà tout compris avant de savoir.

Et elle ne veut pas savoir.

Sugar. Allez-vous-en ! (Criant :) Allez-vous-en !

Ni l'un ni l'autre ne bougent. Le musicien continue de jouer, appuyé à la rampe, sans les regarder. Les notes s'élèvent très claires, très douces dans le calme de l'après-midi.

L'homme au couteau. Il était une fois, en France, des enfants qui chantaient au bord de la mer... Des enfants de notre race...

Il est tout près d'elle, il tient sous le sien le regard paralysé de Sugar, qui ne veut pas entendre, qui ne peut rien faire d'autre que d'entendre.

Des mois, plusieurs mois auparavant.

Des étendards brodés d'or, des statues de la Vierge portées par des épaules d'hommes, une foule de gitans venus de partout, des chevaux montés par des gardians, des plages de sable envahies par tout un peuple, les vagues de la Méditerranée.

C'est le jour du grand rassemblement tzigane, aux Saintes-Maries-de-la-Mer.

Dans la foule, où se côtoient tous les costumes, tous les âges, un groupe d'enfants gambade au milieu de la procession.

Une petite fille lève la tête vers le ciel. Elle désigne du bras, ravie, un avion blanc qui tourne au-dessus d'eux.

C'est un monoplace de tourisme. Dans la carlingue, Tony Cardot. Il survole très bas l'écume des vagues, vire sur l'aile, redresse son appareil, s'éloigne vers la mer.

Les enfants, sur la plage, crient et sautent de joie. L'oiseau blanc revient, passe loin au-dessus de leurs mains tendues, et il a l'air de jouer avec eux.

Et puis, soudain, les rires se figent sur les visages des enfants.

L'avion est revenu une nouvelle fois. Trop bas. Dans la même seconde, il heurte de l'aile un pylône de l'autre côté de la route qui longe la mer, tournoie, désemparé, par-dessus les statues et les étendards, et s'abat dans la foule.

Des femmes hurlent, les yeux emplis d'effroi.

Et puis — quelques minutes ou quelques heures plus tard — tout est immobile, c'est un silence terrible sur ces hommes et ces femmes massés au bord de la mer, autour de l'appareil disloqué.

Il y a des policiers pour contenir la foule, d'autres qui

entourent Tony Cardot. Il est debout sur le sable et contemple, visage défait, trois petits corps sur lesquels on a jeté des couvertures.

Des tziganes sont auprès de leurs enfants morts. Une femme aux yeux brouillés de larmes n'y tient plus et veut se jeter sur Tony Cardot. Son mari, défiguré lui aussi par le chagrin, la retient de toutes ses forces.

La foule s'enfle, des hommes lèvent le poing. Les policiers se rassemblent autour de Tony pour le protéger des coups.

Et, des mois plus tard, c'est le même désordre, les mêmes poings tendus qu'il retrouve sur les marches d'un palais de justice du Midi, d'où il sort apparemment libre. Et la même haine impuissante dans tous les regards.

Le visage de Tony, muet.

Charley conduit le grand cabriolet noir. Tony est à côté de lui, Rizzio et Mattone derrière. Ils passent devant les murs et les miradors d'une prison, dans la périphérie de Montréal.

Charley. Le pénitencier, Froggy !

Il arrête la voiture un peu plus loin. Tony regarde les hauts murs gris de la prison, par-dessus l'épaule de Charley.

Charley. C'est là que vous descendez. Je garde la voiture.

Rizzio et Mattone sortent de chaque côté, à l'arrière. En descendant, Rizzio passe un paquet de cigarettes à Charley, qui le prend sans rien dire. Tony descend aussi.

106

Charley allume une cigarette et les regarde s'éloigner tous les trois, à travers son pare-brise.

En contrebas de la route coule un des bras du Saint-Laurent. Il n'y a que des broussailles sur la rive, l'endroit est désert.

Pepper est venue dans le canot attendre les trois hommes.

Ils ne se disent rien. Pepper passe à l'arrière, avec Tony. Quand leurs regards se croisent, ils y découvrent le même contentement de se retrouver.

Rizzio prend le volant, tandis que Tony enlève l'amarre.

Le bateau s'éloigne en force, traçant dans l'eau un lourd sillage qui vient mourir sur la berge.

Plus loin, dans les entrelacs du fleuve parsemé d'îles, Pepper sort d'une poche de son caban deux carnets à souche d'une compagnie aérienne. Elle les montre à Tony.

Pepper. J'ai acheté deux billets d'avion pour La Nouvelle-Orléans. Demain midi.

Tony. Deux ?

Ils parlent dans le bruit du moteur, et les autres, devant, ne peuvent les entendre.

Pepper fait oui de la tête, avec un sourire d'espoir. Le souffle de la course fait voler ses cheveux. Elle n'a jamais été aussi féminine.

Pepper. J'ai mon passeport et celui de Paul.

Elle lui sourit avec encore plus d'espoir.

Pepper. D'accord ?

Il lui sourit aussi, il lui fait signe que oui. Elle se laisse aller contre le dossier du siège, rentre les billets d'avion dans son caban.

Pepper (contente). Monsieur et Madame Smith !

Le cabriolet noir est arrêté sur une esplanade, devant le pénitencier.

Charley fume une cigarette, assis au volant, les yeux fixés sur son rétroviseur. Il la jette par la portière en voyant du monde sortir de la prison.

C'est l'heure des fins de visite.

Un homme d'une cinquantaine d'années précède quelques personnes qui se dispersent. Il s'arrête un instant pour regarder autour de lui. Il porte un complet gris et tient à la main une serviette de cuir. Il a l'air de ce qu'il est : un avocat de second ordre, voué aux besognes d'intermédiaire.

Il se met en marche vers la voiture de Charley.

Celui-ci ne tourne même pas la tête quand l'autre s'immobilise près de sa portière.

Charley. Salut, Lester.

Lester. Salut, Charley.

Charley. Comment va Mac Carthy ?

Lester. Nerveux. Tout le monde est nerveux. (Après un temps :) Sauf toi.

Ils se parlent tous les deux sur un ton froid, inexpressif, le ton de ceux pour qui tout est déjà décidé depuis longtemps. Il n'y a plus que des détails à régler.

Charley. Où aura lieu l'échange ?

Lester. Je t'y emmène.

L'homme à la serviette de cuir fait le tour de la voiture pour prendre la place du passager.

La main de Charley tire d'un coup sec le film du Polaroïd.

Il est assis sur les marches de la véranda. Il a son harnais à revolver. Il fume son cigare du soir, comme les deux jours précédents. Tony, Mattone et Rizzio sont penchés par-dessus son épaule.

Le soleil du couchant joue à travers les arbres de la forêt.

L'image que montre Charley, c'est un immense terrain vague, à Montréal, sans doute un ancien parking car il y reste encore des poteaux indicateurs pour marquer les places. Ces poteaux ne portent pas des numéros, mais des silhouettes d'animaux différents. On voit un éléphant, une girafe.

Charley. Vous allez graver cette photo dans votre tête. Demain matin, si quelque chose a changé dans le paysage, on ne discute pas, on ne réfléchit pas, on tire.

Il lève les yeux et tous les trois acquiescent. Il y a juste une hésitation chez Tony, parce qu'il doit entrer pour de bon, à présent, dans la peau d'un professionnel.

Charley. Un autre problème.

Du bout de son cigare, il fait un trou incandescent dans la photo du terrain vague, au centre, dans le ciel bleu.

Charley. On aura le soleil en face.

Rizzio regarde Charley, puis il prend dans sa main l'épreuve trouée, réfléchissant.

Rizzio. Il faut qu'ils se méfient drôlement pour nous mettre le soleil en face.

Mattone approuve énergiquement de la tête. Il n'a pas le droit de parler, mais c'est exactement ce qu'il voulait dire.

Charley. Oui... Ils sont comme ça dans la bande à Mac Carthy.

Rizzio. Alors, on arrivera les premiers.

Charley. Exact.

Tandis que les deux autres entrent dans la maison, emportant photo et appareil, Tony reste seul avec Charley. Il s'assoit à côté de lui, sur les marches de la véranda.

Pendant un instant, ils restent silencieux. Charley regarde la forêt, empourprée par le crépuscule.

Charley. Mon grand-père, dans le Michigan, il me racontait qu'il était né dans un arbre. C'était toujours vers cette heure-là. (Un temps.) Faut dire qu'il buvait sec, mon grand-père.

Il tourne les yeux, mais il ne regarde pas Tony. Il regarde la prairie, le ponton et le fleuve.

Charley. Alors, tu as deviné ce qu'on va voler, cette nuit ?

Tony. Non.

Charley. Un être humain. Une femme.

Il regarde Tony maintenant. Il y a un silence. Et puis à nouveau sa voix s'élève, et tandis qu'il parle, *on est brusquement à Paris, une nuit d'été, devant l'hôtel Ritz.*

Il y a beaucoup de monde, des journalistes, des flashes de photographes.

Un homme de trente-cinq ans, plutôt grand, plutôt beau garçon, sort de l'hôtel en smoking, tenant par la main une très jeune femme en robe du soir.

Charley. ... Elle vaut un million de dollars pour un truand italien qui a fait fortune et qui se fait appeler Mac Carthy. Il est détenu au pénitencier de Montréal et son procès s'ouvre dans une semaine...

La jeune femme serre contre elle, dans son bras libre,

une poupée de chiffon. Elle semble effrayée par la foule, par les éclats des appareils photos. Deux gardes du corps écartent les journalistes, forcent un passage vers une luxueuse voiture noire qui attend au bord du trottoir.

Charley. ... Cette femme sera le principal témoin. On la garde à l'infirmerie spéciale de la police, au dix-huitième étage...

L'homme en smoking et la jeune femme à la poupée de chiffon réussissent à prendre place à l'arrière de la voiture, dont les portières se referment. Dans tous les gestes de Mac Carthy on sent une tendresse très évidente pour son amie. Mais elle garde un visage apeuré, poupée contre son cœur.

Charley. ... Il l'a connue quand elle avait treize ans. Et puis, quelque chose a dû se bloquer dans sa tête, elle a toujours treize ans. Elle parle, elle parle et elle ne sait pas ce qu'elle dit...

Un silence, et puis :

Charley. On l'appelle Toboggan.

Deux visages dans le crépuscule qui éclaire la véranda. Celui, figé, de Tony, qui détourne soudain les yeux pour cacher son trouble. Celui de Charley, attentif, à qui ce trouble n'a pas échappé.

Charley. Viens avec moi.

Il se lève, l'air naturel, et marche vers le bout de la véranda. Il disparaît au coin de la maison. Quand Tony, dressé à son tour, arrive à ce coin, une main solide l'attrape par le revers de sa chemise et le projette contre le mur. Et le canon d'un revolver s'appuie sur sa gorge.

Charley. Renner t'a parlé avant de mourir !

Ce n'est pas une question. C'est un fait et il

appuie plus fort avec son revolver, pour que Tony parle.

Tony. Toboggan est déjà morte, c'est tout ce que je sais.

Charley. Conclusion ?

Tony. Plus la peine d'aller la chercher.

Charley le pousse et le traîne le long du mur, tout en parlant, et il s'éloigne du coin de la maison.

Charley (martelant ses mots) : Je rentrerai dans ce dix-huitième étage et j'en ressortirai !

Tony. Pour rien ?

Charley. Pour un million de dollars !

Tiré et poussé par secousses, Tony finit par perdre l'équilibre et par tomber. Charley le laisse aller sur le dos et lui plante le canon de son revolver sur le front.

Charley. Je remplacerai Toboggan par une autre ! Tu as compris, maintenant ? (Plus fort.) Je fais le coup quand même !

En s'aidant des bras et des pieds, Tony recule, le dos par terre. Mais Charley le suit avec son revolver.

Tony. Que diront Rizzio et Mattone ?

Charley. J'ai d'autres soucis !

Tony. Et Mac Carthy quand il s'apercevra qu'il a payé pour rien ?

Charley. Il aura d'autres soucis !

Ils se regardent plusieurs secondes, Tony tend lentement la main et écarte le canon qui est braqué sur lui. Charley ne fait rien pour l'en empêcher.

Tony. Je marche avec toi, Charley.

Charley, qui était penché, se redresse.

Charley. Tu parles mieux que Renner. Tu parles comme un vrai professionnel.

Et il s'éloigne sans un mot, son revolver à la main.

Charley a placé deux cigarettes l'une sur l'autre. Avec une précaution infinie, il pose la troisième dessus. Et elle tient enfin.

Il pousse un soupir de contentement.

Charley. Vingt dollars sur ta part, Froggy.

Ils sont tous les deux face à face devant la table de jeu, dans la grande salle.

Tony. Exact.

Il est assez impressionné que Charley ait réussi. Il prend les trois cigarettes pour jouer à son tour.

Portant une pile d'assiettes, Sugar s'approche de Rizzio assis à la table ovale.

Il est occupé à découper une photo de Polaroïd, avec des ciseaux, et il a le passeport de Paul ouvert sous les yeux.

Sugar regarde son travail. La photo est celle de Tony — prise un instant avant à l'endroit où il joue avec Charley. Rizzio la découpe au format identité.

Sugar. Qu'est-ce que tu fais ?

Rizzio. Un passeport pour Monsieur Smith.

Sugar tourne les yeux vers Tony, de l'autre côté de la salle. Pepper est près de lui, assise sur le bras d'un fauteuil, et elle suit avec attention le mouvement de ses doigts tandis qu'il met ses cigarettes l'une sur l'autre.

Sugar va prendre des couverts dans un tiroir. Elle regarde à nouveau Tony. Et puis, elle se met à fredonner, tout en choisissant fourchettes et couteaux.

L'air qu'elle fredonne, c'est la mélodie des gitans.

A la table de jeu, la main de Tony tremble imperceptiblement. Sa troisième cigarette tombe et fait tomber les deux autres.

Charley, appuyé sur les coudes, lève les yeux vers lui, un peu surpris. Et puis, il prend une des cigarettes sur la table et il l'allume, satisfait.

Tony a tourné la tête pour regarder Sugar. Chantonnant toujours, elle se dirige vers la cuisine.

Quand il la rejoint, elle est devant ses fourneaux, elle s'occupe du plat qu'elle doit apporter à table.

Il referme la porte derrière lui.

Tony. Qu'est-ce que ces gitans t'ont raconté?

Sugar. Tout.

Tony. Conclusion?

Sugar a une exclamation ironique.

Sugar. Oh! Tu peux imiter Charley tant que tu voudras! Il ne s'embarquera pas avec un amateur!

Elle parle d'une voix basse et tendue. Il voit à son regard qu'elle est hors d'elle-même.

Tony (doucement). Laisse-moi ma chance, Sugar.

Elle s'assoit sur une chaise, ne sachant plus ce qu'elle doit faire.

Sugar. Tony, pourquoi ce passeport?

Tony. Pour partir.

Sugar. Avec moi?

Il garde le silence, ses yeux dans le vide.

Sugar (désarmée). Laisse-moi ma chance, toi aussi.

Tony fait oui de la tête, lentement.

Sugar. C'est vrai?

Tony fait oui de la tête, à nouveau.

Sugar. Les gitans n'attendent que le moment où tu seras seul. Nous ne reviendrons pas ici avec les autres, demain matin.

Tony acquiesce une troisième fois. Et puis, il ouvre la porte et sort. Sugar reste assise à regarder droit devant elle, dans le vide.

A ce moment, éclate un tonnerre d'applaudissements.

Ils sont tous les six assis dans une loge de théâtre, les quatre hommes en smoking, Sugar et Pepper en robe du soir, apprêtés, solennels, méconnaissables.

Sur la scène illuminée, il y a un grand piano, un virtuose qui salue sous les applaudissements. C'est une salle gigantesque — celle de Wilfrid Pelletier, à Montréal — et il y a beaucoup de monde, mais peu de gens sont en tenue de soirée.

Rizzio, qui s'est peigné soigneusement, parcourt l'assistance des yeux.

Rizzio. Pourquoi on s'est mis en smoking ?

Charley est le plus naturel, le plus à l'aise de tous.

Charley. On ne peut pas traverser les sous-sols autrement.

Sugar est très belle, avec une coiffure nouvelle et une robe longue. Tony, à qui le smoking va bien, appréhende l'épreuve qu'il va subir. Pepper, en robe de mousseline, a fait de son mieux pour ne plus être une petite sauvage qui mange avec ses doigts. Et puis, il y a Mattone. Dans son smoking aux épaules tendues à craquer, le cou pris dans un col raide qui l'étouffe, c'est lui qui semble le plus déguisé.

Le virtuose se rassoit à son piano, entame un autre morceau. Après avoir écouté un moment, avec un air de circonstance, le boxeur s'accoude à la rampe de la loge. Il fait alors craquer sèchement les jointures de ses doigts — une à une.

La loge qui se trouve juste au-dessous de lui est occupée par trois jeunes hommes également en tenue de soirée, et une jeune fille blonde, en longue robe blanche : c'est la majorette de Westmount.

A travers les notes de musique, on peut entendre craquer les jointures de Mattone. D'abord, la majorette reste parfaitement immobile, les yeux fixés sur l'orchestre, comme si elle n'avait rien remarqué. Et puis, très doucement, elle se retourne en levant la tête et elle regarde le boxeur.

Elle ne le regarde que deux secondes et elle reporte les yeux sur la scène. Rien n'a bougé sur son visage. Elle est à nouveau parfaitement immobile.

Dans le foyer du théâtre, on continue d'entendre la musique, par les haut parleurs.

Venant des loges, dans sa longue robe blanche, la jeune fille blonde descend un escalier, s'approche de deux surveillants du théâtre. Elle fait tourner son petit sac de soirée au bout de sa chaînette, comme si la majorette, chez elle, reprenait le dessus.

Les surveillants sont en smoking et portent une

petite plaque, avec un numéro, agrafée sur la poitrine.

La majorette. Ce numéro, ça veut dire que vous faites partie du service d'ordre?

Le surveillant. Oui.

La majorette. J'ai ma photo dans les journaux, ce soir.

Le surveillant (interloqué). Pardon?

La majorette. Celui qui m'a attaquée est ici. Loge 18.

Les deux surveillants se regardent sans rien comprendre.

La majorette. Il faut que je téléphone à l'inspecteur Barney.

Dans la loge Charley se lève. C'est le moment de se mettre en route. Un à un, Rizzio, Mattone et Tony l'imitent. Sans un mot, sans se regarder, ils sortent dans le couloir.

Les deux femmes restent seules.

Les quatre hommes traversent le foyer où la majorette parlait un instant auparavant. Elle n'est plus là et il n'y a plus qu'un surveillant.

Celui-ci les voit passer, sans leur prêter attention. Ils suivent un couloir, descendent un escalier mécanique.

Quelques instants plus tard, une porte d'ascenseur s'ouvre. Les quatre hommes en sortent. Charley tire de sa poche des plaques numérotées du service d'ordre et en donne une à chacun.

Charley. Un cadeau de Renner.

Il montre l'exemple: il agrafe sa plaque à son veston de smoking. Les autres l'imitent.

Ils sont à présent dans les machineries du théâtre, au sous-sol.

C'est une véritable usine souterraine. Charley en tête, ils traversent des salles où sont groupés les appareils de climatisation et de contrôle.

Quelques employés, en train de vérifier les différents compteurs, les regardent passer.

Un surveillant — un vrai — assis dans une cabine vitrée, les observe avec plus d'attention. Il les voit heureusement d'assez loin, à travers la vitre, et Charley lui fait un geste de salut.

Le surveillant lui répond finalement par le même geste, et les laisse s'éloigner.

Plus loin, ils sont devant une grande porte basculante, en fer. A l'aide du canif rouge de Charley, à lame très étroite et très effilée, Rizzio trafique la serrure. Le pêne se déclenche.

Ils font basculer la porte. Et ils passent. Le lourd battant se referme sur eux.

Ils ne sont plus dans les sous-sols du théâtre. Ils viennent de commencer une longue marche à travers les souterrains de la ville.

Musique sur la scène illuminée, salle attentive plongée dans la pénombre.

Pepper (doucement). C'est mon tour.

Elle prend son manteau et se lève. Sugar la retient par un bras.

Sugar. Quand tout sera fini, dis à Froggy de me rejoindre à l'hôtel Bonaventure. Avec sa part et la mienne.

Pepper (une brève hésitation). Tony ne viendra pas, Sugar.

Sugar a levé la tête pour la regarder. Elle attend la

suite, avec un visage et des yeux qui ont peur de ce qu'on va lui dire.

Pepper. Il part avec moi.

Sugar. Je ne te crois pas.

C'est presque une prière pour que ce ne soit pas vrai.

Pepper sort de la poche de son manteau ses deux billets d'avion pour La Nouvelle-Orléans. Elle ne les montre pas, ne les tend pas, elle les sort tout simplement.

Pepper. Monsieur et Madame Smith.

Sugar regarde les billets, puis elle lève à nouveau les yeux, des yeux où les larmes affluent. Elle fait non de la tête, désespérément. Pepper dégage son bras et sort de la loge.

Sugar se retourne vers l'orchestre qu'elle ne voit plus, dans le déferlement des notes de musique qu'elle n'entend plus.

Elle reste ainsi plusieurs secondes.

Et puis, la loge s'ouvre brusquement et elle tourne vers la porte ses yeux pleins de larmes, croyant que c'est Pepper qui revient.

C'est la majorette, l'inspecteur Barney et un policier en uniforme.

La majorette. Il était ici.

Barney. Vous êtes sûre ?

La majorette. Oui. Elle était avec lui.

Barney (à Sugar). Voulez-vous nous suivre, Madame ?

Sugar. Je vous demande pardon ?

Barney. Suivez-nous.

Il s'est avancé légèrement. On entend des « chut » dans les autres loges. Sugar se lève, ramasse son manteau et son petit sac de soirée, et elle passe devant lui. Elle est encore sous le coup de ce que vient de lui dire Pepper, elle ne comprend rien à ce qui lui arrive — elle essaie de se tenir droite au milieu d'un cauchemar.

En sortant de la loge, elle se retourne pour regarder la majorette en longue robe, avec des yeux fixes, encore embués — et sans doute elle a le sentiment de connaître ce visage pour l'avoir vu sur une photo de Polaroïd prise deux fois.

Il lui fait penser brusquement — elle ne sait pourquoi — aux enseignes de son auberge sur l'île qui sont barrées par des planches :

CLOSED — FERMÉ

Et puis, elle se détourne et suit Barney et le policier qui avancent dans un couloir. La majorette reste immobile devant la porte de la loge.

Barney (s'arrêtant). Vous aussi, Mademoiselle.

Et la majorette les suit, faisant tourner son sac au bout de sa chaînette, toute contente.

PARKING
STRICTEMENT RÉSERVÉ
AU PERSONNEL

Charley, Mattone, Tony et Rizzio passent devant cette inscription sans lui accorder un regard.

Ils marchent vite, Charley devant, et leurs pas résonnent sous les voûtes du sous-sol. Ils traversent le parking désert. Il n'y a que cinq ou six voitures stationnées pour la nuit dans l'immense espace.

A la place 135, la voiture de Mastragos les attend.

Tout de suite, Charley ouvre le coffre, lance une arme à chacun. Ils ne font pas un geste inutile. Dès qu'ils ont reçu leur fusil et des cartouches, Charley se met au volant, Rizzio monte à côté de lui, Tony et Mattone derrière.

Ils attachent les ceintures de sécurité. Ils tirent tous les quatre de dessous le col de leur chemise une sorte de masque de chirurgien et ils se camouflent le visage.

Charley a mis le moteur en marche. Il jette d'un grand coup le véhicule en arrière, comme pour manœuvrer.

Mais il ne manœuvre pas, il recule simplement de quelques mètres, change sa vitesse, et lance la voiture en avant, droit sur le mur dont il vient de s'éloigner.

La voiture fracasse une cloison en ciment. Charley refait marche arrière aussitôt, dans les gravats, et repart en avant dans la brèche. Et il revient encore et repart.

La troisième fois, la voiture passe, un pneu éclaté à l'arrière, tout l'avant enfoncé.

De l'autre côté, c'est le sous-sol d'une fabrique de chaussures. La voiture sur sa lancée fait éclater des piles de gros cartons d'emballage, traverse un bureau en écrasant tout sur son passage, fracasse un autre mur.

Maintenant, c'est le sous-sol d'un grand garage. Radiateur crevé, roue arrière sur la jante, la voiture fonce à toute allure, stoppe à l'autre extrémité dans un gémissement de ferraille.

Aussitôt, les quatre hommes, visages masqués,

sont hors du véhicule. Charley se dirige à grands pas vers l'ascenseur, sans regarder derrière lui.

Dans la cabine, il appuie sur le bouton du dix-huitième et dernier étage.

Charley. Maintenant, ils peuvent boucler tout le quartier, on reviendra par le même chemin.

Là-haut, en plein ciel, le vent est très fort et hurle entre les véhicules parqués sur la terrasse.

Les quatre hommes en smoking décrochent la lourde bâche qui recouvre un camion : c'est leur camion de pompiers, garé là, anonyme et gris, devant le haut building de la police qu'on voit illuminé en face.

La bâche est soulevée par le vent, et ils doivent se mettre tous ensemble pour la retenir.

Et puis, Charley et Rizzio sautent sur le camion, manœuvrent la grande échelle.

Superbement, comme magiquement, elle se déplie dans le ciel, à la vitesse d'un mètre par seconde, et glisse entre les deux immeubles.

Sans se parler, ils la dirigent vers une rangée de baies éclairées du siège de la police, légèrement plus élevées que la terrasse.

Tout en bas, c'est une rue déserte, à minuit, dans laquelle, de temps en temps et très vite, passe une voiture.

L'échelle arrive droit sur une baie vitrée, s'arrête juste avant de la fracasser. L'extrémité retombe doucement sur l'appui de la fenêtre.

De l'autre côté de la rue, Rizzio est le premier à se lancer. Son fusil court enfoncé dans la ceinture, il grimpe barreau par barreau, sans regarder le vide au-dessous de lui, échevelé par le vent.

Charley attrape Mattone et le pousse à son tour.

Le boxeur a un recul. Et puis il y va. Fusil dans sa ceinture, visage masqué, il grimpe, haletant de terreur réprimée, les yeux fixés sur la fenêtre à atteindre.

Rizzio arrive presque au bout, quand Charley à son tour attrape les barreaux et se retourne vers Tony, pour s'assurer qu'il peut compter sur lui.

Tony abaisse son masque une seconde.

Tony (souriant). Gelinotte !

Charley hoche la tête et s'élance sur l'échelle.

A l'autre extrémité, Rizzio découpe au diamant un grand cercle dans la baie vitrée, le décolle sans bruit avec une ventouse. Il fait irruption dans le dix-huitième étage du siège de la police avec ce bouclier de verre dans les mains.

A un coude du couloir où il se trouve — un long couloir blanc aux portes toutes semblables, — une infirmière apparaît. C'est une femme vigoureuse et qui ne perd pas son sang-froid. Elle se jette sur lui sans un cri, sans un mot. Il la repousse, l'oblige sous la menace de son arme à s'allonger par terre. Malheureusement, le cercle de verre lui échappe, roule tout le long du couloir, cogne contre un mur.

Intriguée, une autre infirmière, plus jeune, sort d'une chambre, s'avance vers la baie vitrée. Quand elle passe le coude du couloir, Mattone, surgi à son tour, lui plante le canon de son fusil sur la gorge. En un tournemain, elle se trouve elle aussi à plat ventre par terre.

Au même moment, Charley fait brutalement irruption dans une chambre et allume le plafonnier.

Il y a deux lits, mais un seul est occupé. C'est une vieille femme, l'air hagard, cheveux sur les yeux, qui se rencogne contre le mur et qui soudain se met à rire, à psalmodier, à se tordre les mains. Une folle.

La femme. Toboggan est morte !... Toboggan est morte !... Toboggan s'est suicidée !...

Sans lui prêter attention Charley se précipite vers le lit vide et ramasse le traversin, la couverture qui gisent dessus.

Il ouvre en force la porte coulissante d'un placard. A l'intérieur, il y a les vêtements de cette jeune femme qu'on appelait Toboggan.

Charley arrache une robe de son cintre. C'est la robe du soir qu'elle portait, une nuit d'été, au sortir de l'hôtel Ritz, à Paris.

Dans un amas de jouets entassés au fond du placard, il saisit une poupée par les pieds. Une poupée de chiffon, usée, au sourire presque effacé. Il y a un petit anneau dans son dos, retenu par un fil de nylon, et Charley le tire. Une voix mécanique, enfantine, s'élève dans la chambre, interrompt les plaintes de la folle.

La poupée. ... Maman est restée seule à la maison !... Ma petite sœur s'appelle Jacky !...

Juste dans la seconde qui suit, il y a une formidable détonation dans le couloir.

C'est Rizzio qui vient de tirer et qui tire encore. Des policiers ont surgi d'un ascenseur. L'un d'eux, frappé en pleine poitrine, est littéralement projeté contre un mur du couloir. Deux autres, à l'intérieur de la cabine, sortent leurs revolvers.

Sur le seuil de la chambre de Toboggan, Charley fait feu à son tour. Les policiers referment précipitamment sur eux la porte en acier de l'ascenseur.

Charley tourne vers Rizzio un regard stupéfié.

Charley (criant). On devait avoir tout notre temps avant la relève !

Rizzio, bouleversé, pitoyable, tend ses deux poignets.

Rizzio. Je sais plus quelle montre j'ai regardée !... Elles marquent pas la même heure !...

Et puis, on ne peut plus s'entendre. Une sirène d'alarme éclate dans tout l'immeuble, des coups de feu retentissent aux deux extrémités du couloir, et Mattone tire d'un côté et Rizzio de l'autre sur des policiers qui arrivent à l'étage.

Charley fait feu sur la porte de l'ascenseur qui s'entrouvre à nouveau. Il ramasse les affaires de Toboggan qu'il a laissé tomber et bat en retraite vers la baie fracassée.

En même temps que s'élèvent les beuglements sinistres d'une seconde sirène d'alerte semblable à celles des prisons, une autre fusillade éclate au-dehors.

Accroupi derrière le garde-fou de la terrasse du garage, Tony vient d'ouvrir le feu avec son arme à répétition sur les fenêtres de l'immeuble de la police.

C'est un tir de barrage, et il lâche ses balles sans arrêt, à droite, à gauche, sur tout ce qui bouge.

Des feux tournants s'allument et balaient la rue entre les deux immeubles. Le bruit est assourdissant.

Les deux infirmières, à plat ventre par terre, se couvrent la tête de leurs bras.

Arrivant à reculons à la fenêtre, Mattone voit les affaires que Charley emporte, la poupée, la robe, le traversin. Il saisit celui-ci, l'air hagard.

Charley lui crie quelque chose que le vacarme

empêche d'entendre, et il le pousse brutalement vers l'échelle.

De l'autre côté de la rue, Tony enfonce un nouveau chargeur dans son fusil et reprend aussitôt le même rythme de coups, visage en sueur.

Dans les feux tournants, il protège le retour de Mattone qui descend, barreau par barreau, la grande échelle.

On tire sur lui, des fenêtres du building en face, et des balles arrachent des éclats de béton au garde-fou. Mais il ne s'arrête pas de tirer, encore et encore, fracassant les vitres, empêchant les silhouettes adverses de se montrer.

Dans le couloir de l'infirmerie spéciale, Charley crie à Rizzio quelque chose qu'il ne peut pas entendre, et il s'élance à son tour sur l'échelle.

Rizzio recule vers la fenêtre en tirant au hasard à travers le couloir.

Il s'aperçoit soudain qu'il n'a plus de cartouches. Il fait une brusque volte-face vers la baie ouverte. Dans le même mouvement, une des infirmières par terre — la plus forte — lui attrape les jambes et le plaque au sol.

Des policiers surgissent de chaque côté du couloir.

Rizzio, qui s'est dégagé de l'emprise des deux femmes, se remet debout. Mais il s'arrête, désarmé, en voyant ceux qui le cernent.

Pendant deux secondes, dans le bruit des sirènes et de la fusillade, tout le monde observe une immobilité parfaite, presque irréelle. Et puis lentement, avec méfiance, les policiers convergent vers Rizzio.

Dehors, un projecteur illumine soudain la grande

échelle, et Charley dessus, qui emporte les affaires de Toboggan roulées dans la couverture — comme il a emporté jadis la petite Pepper hors de son orphelinat.

Tony, derrière le garde-fou, cherche des yeux la source de lumière. Elle est en bas, dans la rue. Et il doit se relever et se pencher pour tirer. Il tire une fois, deux fois. Et il la manque. Et soudain, ce n'est plus le projecteur, mais le porte-clefs en forme de cœur accroché à un clou, au mur d'une grange. Et la troisième balle de Tony fracasse le verre éblouissant de l'appareil et éteint tout.

Mattone est maintenant sur le camion et met en marche la grande échelle. Elle commence à se replier alors que Charley finit de franchir le vide et que Tony tire coup après coup sur la baie ouverte, empêchant les policiers qui ont pris Rizzio d'intervenir.

Et Charley saute sur la terrasse en un bond libérateur.

Une boutique de confiseur, dans la rue Dorchester.

D'abord, tout est éteint dans la salle. Une vieille dame très propre, très douce, observe ce qui se passe dehors en tenant écartées les lames d'un store vénitien.

Le vacarme, les feux tournants qui balaient la fenêtre, montrent qu'on est tout près du lieu de la fusillade.

La vieille dame n'est pas émue le moins du monde. Elle laisse retomber la jalousie et traverse la boutique, entre des pots remplis de bonbons, d'un petit pas pressé.

Sur un comptoir, elle allume une lampe et forme un numéro de téléphone.

Quand on décroche à l'autre bout, elle ne dit rien, elle se contente d'écarter le combiné de son visage pour mieux faire entendre les sirènes, les beuglements d'alerte et les coups de feu qui retentissent partout. Elle a un petit sourire délicieux.

A l'autre bout du fil, loin de là, un homme de grande taille écoute. Il est en bras de chemise et porte un harnais à revolver. Il a un visage gras et déplaisant.

Après avoir écouté, il raccroche sans rien dire. Il se retourne avec un sourire satisfait vers quatre joueurs de poker qui sont assis à une table derrière lui.

L'endroit est le salon d'une sorte de club sportif. Il y a des coupes d'argent alignées sur les étagères, des photos de champions dans des cadres.

L'homme. Jolie musique!... Charley a tenu parole. Il a repris Toboggan!

Aussitôt, tout le monde jette ses cartes et saisit son veston pour se mettre en route.

Les sirènes, mais assourdies.

Charley, Mattone et Tony sortent de l'ascenseur, dans le sous-sol du garage, et courent vers la voiture défoncée de Mastragos.

Charley ne prend pas le volant, il pousse Mattone à sa place.

Le boxeur démarre sur les chapeaux de roue, avant même que les portières soient refermées.

Pneu crevé à l'arrière, la voiture s'engouffre dans la brèche par où elle est entrée.

Elle se lance à toute allure à travers la fabrique de chaussures et les souterrains qui sont de l'autre côté.

A l'intérieur du véhicule, ils ont ôté leurs masques.

Charley déchire avec son canif rouge le traversin qu'il a emporté.

Il ne garde que le haut de l'enveloppe de toile et jette tout le reste par la portière.

Derrière la voiture, un nuage de plumes se répand partout.

Quelques minutes plus tard, dans les sous-sols du théâtre, l'un des employés aux divers contrôles voit tout à coup une plume blanche qui se pose en douceur sur son appareil.

Il la ramasse et se retourne vers les trois hommes qui viennent de passer près de lui et traversent la salle. Trois hommes en smoking, une plaque de surveillant sur la poitrine.

Enveloppés dans la couverture, Charley porte sous son bras la robe et la poupée de Toboggan, et le fusil de Tony dont le canon dépasse. Il marche vite, sans regarder personne, et ses deux compagnons le suivent du même pas.

L'employé les trouve peut-être un peu bizarres, et leur smoking en triste état, mais finalement il hausse les épaules et il reprend son travail.

Au bord d'un trottoir, sur la place des Arts. Minuit trente.

Dans la voiture de Charley, moteur tournant au ralenti, Pepper attend à une sortie du théâtre.

Elle est dévorée d'inquiétude. Elle essaie de ne plus entendre, au loin, les sirènes d'alerte.

Quand elle voit les trois hommes qui viennent à grands pas vers elle, sur l'esplanade, son visage s'éclaire de soulagement.

Elle se déplace sur le siège pour laisser le volant à Charley. Ils ouvrent les portières et montent dans la voiture en vitesse, sans un mot.

Pepper. Où est Rizzio ?

Il n'y a pas de réponse. Charley sort son fusil à canon scié de dessous le veston de son smoking, le lance aux autres à l'arrière, et il démarre.

Pepper. Et Toboggan ?

Il n'y a pas de réponse non plus.

LES BILLES

Un couloir, au siège de la police. Une heure du matin.

Sur un banc, la majorette et Sugar sont assises côte à côte. Elles attendent depuis longtemps.

Un planton en uniforme tape à la machine à quelques pas d'elles.

La majorette regarde Sugar, qui ne la regarde pas. Elle sort de son petit sac brillant une boîte de pastilles. Elle l'ouvre et en offre à Sugar. Sugar regarde et se détourne sans en prendre.

La majorette, un peu déçue, en prend quand même une pour elle. Elle garde la boîte refermée dans sa main.

La majorette. Ce n'est pas ma faute, moi. On me dit de téléphoner, je téléphone.

Pas de réaction chez Sugar.

La majorette. Eh, je vous parle !

Sugar (sèche). Retourne chez ton père !

La majorette (douce). J'en ai pas !...

Sugar lui tourne le dos ostensiblement.

La majorette. Quand j'étais petite, vous savez ce

qu'elle me disait ma mère ? (Agitant l'index :) « Si tu parles encore de ton père, les bohémiens viendront te prendre ! »

Sugar (la regardant). Qui ?

La majorette. Les bohémiens ! Oui ! Les bohémiens !

Sugar hausse les épaules et se détourne à nouveau. La majorette se lève et fait quelques pas désœuvrés, en agitant sa boîte de bonbons qui fait du bruit.

Le planton la regarde. Elle fait exprès encore plus de bruit.

Sortant d'un bureau, un groupe d'hommes s'approche.

C'est Rizzio conduit par des policiers en uniforme et en civil.

La première à croiser son regard, c'est Sugar. Ils ont tous les deux un coup au cœur, mais ils font comme s'ils ne se connaissaient pas. Rizzio s'immobilise devant la porte de l'ascenseur. Et alors, c'est la majorette qui l'aperçoit et le reconnaît.

On voit sur son visage qu'elle le reconnaît. Rizzio le voit aussi. Elle fait même un pas en avant. Et puis, elle se tourne vers Sugar, Sugar qui comprend qu'elle va dénoncer Rizzio, et elles échangent un regard intense, suppliant chez Sugar, dérouté chez la majorette.

Rizzio entre dans la cabine. La majorette ne dit rien.

Quand le groupe d'hommes a disparu dans l'ascenseur, Sugar regarde toujours la majorette. Celle-ci vient se rasseoir près d'elle.

Elle ouvre à nouveau sa boîte de pastilles, la lui tend. Sugar en prend une. Refermant la boîte, la majorette sourit et l'agite doucement. Ça fait du bruit.

L'immense terrain vague que Charley a montré en photo. Deux heures du matin.

Assis sur un escalier en colimaçon qui monte en haut d'un pylône, Mattone jette des cailloux par terre, un à un, l'air râleur.

Tout est calme et silencieux. On n'entend que le choc des cailloux.

A quelques mètres du boxeur, Pepper est toute droite et immobile, avec une cagoule sur la tête. Elle a revêtu la robe du soir de Toboggan et tient la vieille poupée de chiffon dans ses bras.

La cagoule, c'est la toile de traversin que Charley a vidé de ses plumes.

Le cabriolet est arrêté près du pylône, portières ouvertes, lumières intérieures allumées. Au loin, on aperçoit les hauts buildings de Montréal, les ponts sur le fleuve. C'est un endroit où, la nuit, personne ne passe jamais.

Charley et Tony sont adossés au capot de la voiture. Ils examinent Pepper qui se tient docile devant eux.

Charley. Il y a un anneau sur la poupée. Tire-le.

Pepper, aveugle, cherche l'anneau à tâtons. Dans l'éclairage étrange de la scène, la voix mécanique s'élève à nouveau.

La poupée... Je veux pas aller en pension !... Je veux pas aller en pension !...

Mattone s'est dressé sur ses pieds, en sursaut.

Charley attire Pepper à lui, reprend la poupée. La

jeune fille se libère de son masque et regarde Tony dans les yeux. Elle voit qu'il s'inquiète pour elle. Elle lui fait un sourire rassurant.

Un bruit de déchirement : assis sur le siège avant, jambes dehors, Charley ouvre le dos de la poupée avec son canif. Il coupe le fil-parole.

Tony. Qu'est-ce que tu fais ?

Charley. Je lui apprends une autre langue.

Il sort de sa poche l'une des grenades fournies par Mastragos et l'enfonce dans le jouet. Levant les yeux, il voit que Mattone, qui s'est approché, observe son travail.

Charley. Tu veux la photographier aussi ?

Mattone fait non de la tête, vexé. Et puis, il se penche à côté de Charley, ouvre la boîte à gants. Il en sort une boule de billard blanche, qu'il tient dans sa main plusieurs secondes.

D'abord, il y a de la mélancolie dans ses yeux. Et puis, il retrouve brusquement son expression de méfiance butée, hargneuse, et il balaie du regard le vaste désert alentour.

On sent qu'il veut dire quelque chose, mais Charley ne lui en laisse pas le temps.

Charley. Je connais Rizzio. Il ne parlera jamais.

Tourné vers le boxeur, il tend sa main grand ouverte. Mattone, hochant la tête, lui donne la boule de billard.

Ils sont là, tous les quatre, autour de la voiture. Il n'y a plus qu'à attendre.

Un coup de poing dans le ventre, une plainte sourde, et le visage couvert de sueur et douloureux de Rizzio, en chemise trempée et déchirée.

Deux inspecteurs le tiennent par les bras, contre un mur, et un troisième lui tape dessus.

Rizzio (exténué). ... D'accord... Je sais où ils sont... Je sais où ils sont!...

Celui qui le frappait s'écarte. Un autre policier en civil, plus âgé que les autres, entre dans le faisceau d'une lampe aveuglante posée sur une table.

L'inspecteur principal. O.K. En route.

Il allume une cigarette et la place entre les lèvres de Rizzio, qui s'est affalé sur le sol, le dos contre le mur.

Les autres enfilent leur veston.

Le choc d'une boule blanche et d'une boule rouge sur une table de billard.

En même temps que des joueurs, l'air surpris, refluent précipitamment vers les murs, Rizzio s'immobilise sur le seuil d'une grande salle de jeux, avec un léger sourire sur son visage épuisé.

On lui a remis son veston de smoking. Trois des inspecteurs que nous avons vus sont derrière lui. Des policiers en uniforme, mitraillette au poing, prennent position dans la salle, rabattant la clientèle silencieuse sur les côtés.

C'est un de ces établissements enfumés, qui ne ferment pratiquement jamais, avec un bar et de gros ventilateurs au plafond.

L'inspecteur principal. Où sont-ils?

Rizzio désigne une porte, à l'autre extrémité de l'allée centrale, bordée par des billards.

Rizzio. Dans l'arrière-salle.

Tous les policiers maintenant sont immobiles, tournés vers cette porte, prêts à faire feu.

L'inspecteur principal. Passe devant.

Rizzio s'avance, seul, à pas lents. Il a une quinzaine de mètres à parcourir jusqu'à la porte — ou plutôt jusqu'à cette boule blanche qu'il voit, loin de lui, sur le dernier billard.

Alors, au même moment, des volets s'ouvrent à l'étage d'une vieille maison, dans le quartier de la Cathédrale, à Marseille, et une femme brune, tenant un bébé dans ses bras, appelle dans la rue :

— ... Élie !... Ne me force pas à le répéter !... Monte maintenant !...

Et Rizzio avance dans la salle de jeux enfumée, visage tranquille. Ses lèvres remuent comme s'il se parlait à lui-même.

Encore quelques pas, et puis soudain, il arrive à côté du billard qui est près de la porte, il attrape la boule blanche, fait volte-face dans le même mouvement et la lance de toutes ses forces, en criant les deux derniers mots de la prière de Charley.

Rizzio. ... Good night !

L'un des inspecteurs — celui qui l'a frappé — s'effondre à l'autre bout de la salle, crâne fracassé. Instantanément, les mitraillettes crépitent de plusieurs côtés à la fois. Et elles fauchent Rizzio encore en plein élan, elles le soulèvent du sol dans la fumée et les éclats des balles.

L'aube. Une grande Cadillac, couleur de métal, traverse l'étendue crevassée du terrain vague, soulevant la poussière.

Devant le cabriolet arrêté, Charley et ses amis la regardent venir. Le soleil qui est levé derrière eux est blafard, tamisé par un épais manteau de brume. La précaution qu'ils ont prise d'arriver les premiers ne servira à rien. La lumière ne peut gêner personne.

Pepper, cagoule sur la tête, poupée dans les bras, est auprès de Mattone. Les trois hommes ont relevé le col de leur veston de smoking, pour ne pas offrir une cible trop voyante. Charley et le boxeur ont leur fusil à canon scié, Tony le fusil à répétition.

La Cadillac stoppe à vingt mètres d'eux et aussitôt, laissant toutes les portières ouvertes, cinq hommes en descendent : l'homme au visage gras à qui la vieille dame a téléphoné, et les joueurs de poker.

Ils se déploient en éventail, mais aucun d'eux ne montre une arme.

L'homme au visage gras tient dans chaque main un gros sac de toile. Il observe, avec un sourire faux, Charley, Tony et Mattone, puis son attention se concentre sur la jeune fille en robe du soir.

L'homme. Eh ! Qu'est-ce que ça veut dire, cette cagoule ?... Eh, Charley ! Qu'est-ce que c'est, ce cirque ?

Pas de réponse.

L'homme. Eh, enlève cette cagoule !

Pas de réponse.

L'homme jette un coup d'œil à ses compagnons. Il brandit à bout de bras ses deux sacs de toile avec exubérance.

L'homme. Regarde !... Te voilà riche, Charley !... Tout l'argent du monde !... Tu vois ?...

Charley. Je vois deux sacs !

L'homme se rembrunit, décontenancé. Puis il s'efforce à nouveau de sourire et il s'avance avec précaution de quelques pas.

Charley (bas). O.K., Pepper ?

Elle incline légèrement la tête. Mattone la guide vers le groupe adverse. Ils s'arrêtèrent, à peu près à mi-chemin, devant l'homme aux gros sacs de toile.

Le boxeur attrape l'un de ceux-ci sans lâcher son fusil. Il l'ouvre par terre, en se baissant. Pepper se tient toute droite, un peu en retrait.

Il y a des dollars en vrac dans le sac. Mattone respire doucement, en sort une poignée qu'il montre à Charley.

Au froissement des billets, Pepper se jette par terre.

Charley fait feu.

Mattone, accroupi, fait feu.

Tony fait feu.

Le gros homme est projeté à plus d'un mètre en arrière par la balle de Mattone.

Le gangster le plus à gauche s'écroule sous le coup de Charley.

Le gangster le plus à droite, touché par Tony, reste debout et tire deux balles de revolver à la suite.

Les deux autres, au milieu, font feu aussi, instantanément.

Pepper, à terre, tire l'anneau de la poupée.

Tout va si vite que le temps est comme distendu dans le vacarme des détonations.

Charley tire. Tony tire.

Pepper lance la poupée. Elle explose, soufflant les hommes de Mac Carthy encore debout, soulevant la terre, projetant une pluie de cailloux sur la jeune fille à plat ventre.

Et alors, brusquement, une vieille porte d'immeuble s'ouvre sur une rue, à Marseille, et une femme en peignoir, très maquillée, apparaît sur le seuil et parle d'une voix douce.

La femme. ... Allons, ne fais pas crier Maman... Il faut rentrer... Regarde dans quel état tu es !...

Elle tend la main, indulgente.

Silence. La poussière et la fumée des armes se dissipent lentement.

Charley, Tony et Mattone sont seuls debout dans le terrain vague. Pepper se relève sur les genoux, cagoule enlevée, visage couvert de terre.

Tony lâche son fusil et court pour l'aider.

Mattone titube. Il tient un gros sac de toile dans chaque main et se dirige à pas lents vers Charley, cherchant son visage dans le contre-jour. Il a deux trous dans le dos.

Charley se précipite à sa rencontre, l'attrape par les épaules en lâchant son arme.

Ils se regardent et Mattone ouvre la bouche plusieurs fois pour dire quelque chose, et il ne peut pas.

Charley. ...Parle !... Parle-moi !...

Mattone, qui ne tient plus debout tout seul, fait un effort pénible, parvient à dire un mot.

Mattone. ...Médium !

Et il retombe mort dans les bras de Charley.

Celui-ci le soutient avec un visage défait, incrédule. Tony et Pepper, immobiles à quelques pas, n'osent pas s'approcher. Charley laisse glisser le corps du boxeur à terre. Après un instant, il ramasse les deux sacs et se détourne vers la voiture.

A ce moment, l'un des gangsters resté au sol remue un bras, celui qui tient son revolver. Il relève la tête, cherchant sa proie en clignant des yeux, et il vise Charley.

Tony (comme un fou). Charley!...

Celui-ci fait volte-face, voit le gangster qui l'ajuste. Il n'a plus son arme et Tony non plus. Lâchant un des sacs, il tend instinctivement la main en avant, il agite l'index pour dire non.

A Marseille, dans le quartier de la Cathédrale, le gamin au canif rouge agite le même index devant un autre enfant qui le menace avec un fusil en plastique.

Le gamin au canif rouge. ...Ça vaut pas, tu es mort!

Mais dans la détonation d'un véritable coup de revolver, Charley, sous le choc de la balle, s'abat en faisant un demi-tour sur lui-même.

Tony, qui s'est précipité sur son fusil, fait feu, pas à pas, en avançant vers le gangster qui a tiré, vidant furieusement son chargeur. Il ne s'arrête, méconnaissable, qu'après avoir appuyé plusieurs fois en vain sur la détente.

Alors, il court vers Charley. Pepper a rejoint celui-ci. Il se tient le ventre à deux mains et le sang coule entre ses doigts.

A deux, ils le soutiennent, attrapent les sacs, marchent vers la voiture.

On entend au loin des sirènes de police.

Ils aident Charley à s'asseoir à l'arrière.

Charley (tendant le bras). Le fusil!...

Il montre le sien, qu'il a laissé par terre. Tony se retourne, mais l'arme est trop loin, ils n'ont plus le temps. Il s'installe à côté de Charley, Pepper au volant.

Les vitres des portières ont été pulvérisées.

Pepper part à toute allure, en virant dans le démarrage, en faisant crisser les pneus. Plus rien ne bouge, à présent, sur le champ de bataille silencieux.

Plus tard dans la matinée.

Une main d'homme soulève le drap qui recouvre Mattone mort.

L'inspecteur Barney. C'est lui?

La majorette fait signe que oui et se détourne, bouleversée. Elle porte encore sa robe longue, on lui a mis un imperméable d'homme sur les épaules.

Sugar est derrière elle et regarde fixement le corps du boxeur. Elle aussi est vêtue comme la veille au soir. Le désarroi, la fatigue sont imprimés sur son visage.

Barney (se relevant). Alors, ils étaient tous dans l'attaque de cette nuit.

Il s'est adressé à l'un de ses adjoints, qui se tient près des deux femmes.

L'adjoint. Qui t'a dit ça?

Barney. Elle.

Il désigne la majorette. En s'expliquant, il se rapproche de Sugar, il surveille toutes ses réactions.

Barney. ... Celui qu'on a arrêté sur les lieux et qu'on a dû abattre — un nommé Rizzio —, il avait une montre à chaque poignet.

Sugar s'efforce de cacher son émotion — Rizzio lui aussi abattu — mais elle se lit dans ses yeux. Elle les détourne après quelques secondes.

Autour d'eux, sur le terrain vague encombré de voitures de police, c'est un va-et-vient d'infirmiers et d'uniformes. On a étendu des draps sur les hommes de Mac Carthy.

Barney prend Sugar par un bras et la tire devant le corps de Mattone.

Barney. Qui est-ce ?

Il y a un long silence. Sugar ne veut pas regarder le boxeur.

Sugar (lasse). Quelqu'un qui avait parié dix dollars sur Dieu.

Elle ouvre son sac, en tire un billet, le laisse tomber sur Mattone. Et puis, elle en prend un second, elle le laisse tomber aussi.

Sugar. Pour Rizzio.

Elle s'écarte, mais Barney la retient.

Barney. Où sont les autres ?

Sugar. Quels autres ?

Elle dégage son bras, se dirige à pas lents vers une voiture de police. L'adjoint lui emboîte le pas.

Avant de les suivre, Barney se penche pour ramasser les deux billets.

La majorette (brusquement). Si vous faites ça, je crie !

Il la regarde, ahuri. Puis il hausse les épaules et rejette l'argent. Il entraîne la jeune fille vers la voiture.

Quand ils rejoignent Sugar et l'adjoint, un homme en civil s'approche de Barney tenant un objet dans un carré de tissu blanc.

Sugar reconnaît avec un coup au cœur un fusil à canon scié, une bague à grosse pierre bleue qui scintille au soleil — l'arme de Charley.

L'homme. Celui qui avait ce fusil a perdu beaucoup de sang.

Il montre à Barney, avec la main, le trajet que le blessé a dû faire jusqu'à sa voiture.

L'emplacement où se trouvait le cabriolet de Charley, à quelques pas d'eux, est cerné d'un dessin à la craie. Il y a des taches sur le sol, des éclats de vitre de portière.

L'homme. Je dirais même que s'il n'a pas un médecin avec lui...

Il ne finit pas sa phrase. Il fait claquer son pouce contre son index. Sans appel.

Sugar. Ce n'est pas vrai !

Ils la regardent, surpris. Barney prend le fusil à canon scié, l'examine un instant. Quand il regarde à nouveau Sugar — d'abord ses mains, puis son visage — il sent qu'elle va craquer d'un instant à l'autre.

Barney. Vous le connaissiez mieux que moi. Est-ce que c'était quelqu'un à abandonner son fusil ?

Sugar fait non de la tête, non. Et cela veut dire : ce n'est pas possible que Charley soit mort, ce n'est pas possible non plus qu'il ait abandonné son arme.

Elle se détourne brusquement et monte à l'arrière de la voiture de police, dont les portières sont ouvertes.

Barney se penche vers elle, après avoir rendu le fusil.

Barney. Nous avons peut-être encore le temps de lui donner un docteur.

Elle évite obstinément son regard.

Barney (à la majorette). Combien étaient-ils dans cette loge ?

La jeune fille blonde, debout près de la voiture, croise les yeux de Sugar puis ceux de l'inspecteur. Elle ne fait pas d'effort apparent pour se rappeler.

Simplement, une certaine complicité féminine est en train de jouer, et elle hésite à répondre.

La majorette (péremptoire). Les deux autres n'étaient pas avec eux.

Barney. Les deux autres ?

La majorette. Je ne les ai pas vus !

Les policiers échangent un coup d'œil de résignation. Ils ne remarquent pas que Sugar, elle, regarde fixement la majorette. Les deux autres, elle le sait bien, c'est Tony et Pepper.

Barney (patient). De quoi avaient-ils l'air ?

Une moue, un mouvement d'épaules.

La majorette. Je ne dirai plus rien. Et d'abord, on ne m'a rien fait. Vous avez dit que vous leur donneriez un docteur ? Donnez-leur un docteur !...

Barney ne peut réprimer un soupir de lassitude. Il fait monter la jeune fille dans la voiture.

Barney. C'est très bien. On va vous ramener chez vous.

Il claque la portière et, tandis que son adjoint prend place à l'avant, il s'éloigne avec l'homme qui tient le fusil de Charley.

La majorette a un petit air brimé d'enfant qu'on renvoie dans sa chambre.

La majorette (doucement). C'est toujours pareil. On veut bien que je joue, mais je compte pour du beurre.

Elle tourne de grands yeux tristes vers Sugar. Sugar qui la regarde fixement à travers des larmes. Sugar qui sait Mattone et Rizzio perdus, qui imagine Tony et Pepper partant ensemble. Sugar qui attire soudain la jeune fille contre elle pour l'écarter de la portière et appeler Barney. Non, la petite ne compte pas pour du beurre. Elle a dit vrai, comme toujours, sous le couvert de ses petites phrases idiotes. Il reste Charley. Il faut lui donner un docteur.

Sugar (criant). Je vais vous dire où ils sont !

Barney se retourne net. La majorette, serrée contre Sugar, la regarde de tout près avec des yeux immobiles, muets.

Sugar (à bout de force). Je vais vous le dire !... Je vais vous le dire !...

L'auberge sur l'île. Neuf heures du matin.

Charley se sert un verre de whisky sur une table basse. Il est affalé sur un canapé, ravagé par sa blessure. Il n'a plus son veston de smoking mais le gros blouson à carreaux qu'il a prêté à Mattone le premier soir.

Il lève les yeux vers Tony, debout devant lui, qui enfile son veston de velours prune.

Charley. Prends un verre.

Il le lui sert. Le whisky déborde. Tony le regarde faire. Il est plus triste qu'il n'a jamais été.

Pepper les rejoint, vêtue de son pantalon et de son pull noirs.

Charley. Sugar va venir ?

Pepper. Le téléphone est coupé.

Les deux hommes la regardent en silence, et puis Charley se retourne vers la porte.

Charley. Va voir dehors, Pepper.

Elle sourit fugitivement à Tony et elle y va. Tout en prenant son verre, Charley examine son compagnon.

Charley. Tu t'appelles comment, Froggy ?

Tony. Antoine Cardot.

Charley. Moi Charles Ellis.

Ils trinquent. En buvant, Tony ne quitte pas Charley des yeux.

Dehors, devant la véranda, Pepper se tient immobile, toute droite. Elle écoute, elle attend. C'est un silence complet — sans cri d'oiseau, sans rien, le silence.

Elle se retourne et rentre dans la maison.

Pepper. On s'approche de l'île, Charley.

Les deux hommes posent leur verre et écoutent à leur tour. Rien. Charley se lève péniblement.

Charley. Par le pont ?

Pepper. Par le fleuve.

A pas lents, se tenant le ventre, il va vers le râtelier à fusils.

Il l'ouvre et passe des armes, des munitions à Tony. Il est calme comme toujours.

Pepper enfile son caban.

Charley se dirige vers l'escalier avec son harnais à revolver et des balles. Les deux sacs contenant l'argent sont debout contre les marches. Il s'écroule sur les genoux avant de les atteindre. Et il s'étale de tout son long.

A un mile de là, moteur coupé, glissant silencieusement, plusieurs canots convergent ves l'île, dans le soleil du matin. Ils sont remplis de policiers en armes.

Pepper et Tony aident Charley à se relever, à s'asseoir sur les marches. Il respire, un peu étonné d'être tombé.

Et puis, il tend un sac à Tony.

Charley. Allez-vous-en tous les deux.

Pepper (bouleversée). Non !

Charley. Depuis l'âge de neuf ans, tu ne m'as

146

jamais répondu non. Tu ne vas pas commencer ? (A
Tony :) Emmène-la.

Tony. Et toi ?

Charley (furieux). Fous le camp !

Tony attrape le sac et tire Pepper vers la porte.
Elle ne veut pas sortir, mais il l'y oblige.

Ils courent vers la grange.

Tony balance le sac dans la voiture, pousse la
jeune femme à l'intérieur, fait le tour en claquant les
portières.

Depuis qu'il a décidé d'obéir, il va vite, avec un
visage fermé.

Il prend le volant et démarre sans plus regarder la
maison. Pepper, elle, voit s'éloigner celle-ci avec
des yeux désespérés.

Dans la grande salle, Charley écoute la voiture
qui s'en va, qu'il n'entend plus.

Alors, se tenant à la rampe, il parvient à se
remettre debout, saisit le deuxième sac, son harnais
à revolver, la Winchester de Pepper, le fusil de
Tony. Et puis, il retombe.

Affalé sur le sol, il reprend quand même son
fardeau, attrape la bouteille de whisky, et les boîtes
de munitions.

Déposant tout cela devant lui, puis le reprenant
pour le déposer plus loin, il commence à gravir
l'escalier à genoux, visage crispé, avec une obstina-
tion terrible.

Sur une des marches, il y a le gros appareil
Polaroïd. Il l'emporte aussi.

Un peu plus haut, il y a un petit sac de toile qui se
trouvait là les jours précédents, mais que personne
n'a jamais touché. Il le ramasse également. Au
moment où il le soulève, le fond du sac se déchire et

un flot de billes à jouer s'en échappe, des billes de toutes les couleurs qui rebondissent sur les marches et se répandent dans tout l'escalier.

Le cabriolet, soulevant la poussière de la route, stoppe brutalement une centaine de mètres avant le pont de bois.

Tony. Qu'est-ce qu'il y a ?

Pepper (indécise). Je sais qu'ils sont aussi de ce côté.

Ils observent tous les deux les arbres alentour, à travers le pare-brise. Rien. Mais le silence même est étonnant.

Tony. Je vais voir.

Elle tend une main pour le retenir mais il descend de voiture. Regardant autour de lui, il s'enfonce silencieusement dans le bois rouge et or qui longe le bras d'eau.

Charley fait irruption dans sa chambre en s'écroulant avec son incroyable fardeau.

Serrant les dents, il se relève encore, balance ses armes, ses munitions, le gros sac et tout le reste dans le lit-cage en fer.

Il se traîne vers la fenêtre en poussant le lit devant lui. Au passage, il attrape sur la commode le cadre qui renferme la photo de Gelinotte. Et il le met avec ses trésors.

Haletant mais tranquille, il s'assoit par terre, adossé au pan de mur sous la fenêtre, le lit-cage près de lui, et il commence à remplir de balles le chargeur de la Winchester.

Au bord du fleuve, Tony observe, accroupi, l'autre rive du bras d'eau. Il n'y a personne.

Il se relève et revient sur ses pas, dans les éclats du soleil à travers les feuillages rouge et or.

Soudain, un déclic. Il se retourne net.

L'homme au couteau est sur la branche d'un arbre, visage souriant, son arme ouverte dans la main droite. Il se laisse tomber sur le sol.

Tony fait volte-face et se met à courir.

Le gitan, calmement, lance sa lame. Tony la reçoit dans le dos et s'abat sans un cri.

Visage contre terre, il voit tout près, avec une netteté terrible, l'ombre de son corps, l'ombre du couteau fiché dans son corps. Et puis, très loin, brouillé, le gitan qui s'éloigne à travers les arbres.

Les doigts de Tony, bras renversé, se referment sur le manche du couteau.

Il l'arrache d'un coup. Et il reste immobile, yeux clos sur sa douleur.

Quelques instants plus tard, dans la voiture, Pepper le regarde revenir vers elle d'un drôle de pas traînant. Elle passe à la place du conducteur pour mieux le voir.

Il s'appuie à deux mains aux montants de la portière, il reste dehors.

Pepper. Ils sont là ?

Il fait non de la tête. Il a les traits tirés mais il s'efforce de cacher qu'il est blessé.

Tony. Donne-moi mon billet d'avion.

Pepper. Quoi?

Tony. On ne peut pas partir ensemble.

C'est elle qui fait non de la tête, maintenant. Et instantanément ses yeux se remplissent de larmes.

Tony. Demain, je te rejoindrai. Attends-moi au vol de midi.

Pepper. Je ne veux pas!

Tony. Et moi, je ne veux pas laisser Charley!... (Doucement :) Je te promets, je serai à La Nouvelle-Orléans demain. Je te promets, Myrna.

Il passe brusquement la main à l'intérieur de la voiture et enclenche une vitesse. La voiture fait un bond en avant.

Tony. Fais ce que je te dis!

Pepper sort les billets et les passeports de son caban, cherche ceux de Tony en réprimant ses larmes.

Il les prend et recule à pas lents sur la route, sans la quitter des yeux. Pepper ne part pas. Il se baisse, ramasse une pierre et la lance sur la carrosserie de la voiture.

Tony. Je te promets!

La voiture démarre brutalement, s'éloigne, passe le vieux pont à toute allure, en soulevant les planches à grand bruit.

Des policiers en uniforme, casqués de blanc, prennent position au bord du fleuve.

Il y en a aussi sous les arbres, et l'un d'eux relève brusquement son pistolet-mitrailleur et vise Tony qui titube, plié en deux, vers la véranda.

Un homme en civil lui rabat son arme et l'empêche de tirer.

Tony rentre dans la maison.

Il referme la porte, à bout de souffle, et pousse le verrou. S'appuyant aux meubles d'une main, il va vers les marches.

Tony (criant). Charley! C'est moi, Charley!...

Au bas de l'escalier, il voit des billes répandues partout. Il n'y a pas de réponse en haut. Il se met à gravir les marches en ramassant des billes et en regardant vers l'étage.

Il s'arrête sur le seuil de la chambre de Charley, soulagé de voir que celui-ci est toujours vivant, assis sous la fenêtre, chargeant balle par balle son revolver. Il s'adosse au montant de la porte.

Tony. Pepper est partie.

Charley approuve de la tête. Ils se regardent un instant en silence. Et puis, Charley continue de charger son revolver.

Charley (comme pour lui-même). ... Mon grand-père, dans le Michigan, il avait apprivoisé un lièvre, une fois. Un vrai lièvre avec de grandes oreilles. Et puis, il s'est sauvé et les chasseurs lui ont tiré dessus. Tu peux pas savoir! Il en venait de partout... Trois jours, trois jours entiers, ils lui ont couru après à travers les champs... (riant doucement). Et chaque fois, le voilà qui trouve une nouvelle astuce, et il court plus vite et encore plus vite...

Il boucle le barillet de son revolver et jette un coup d'œil par la fenêtre.

Tony. Et à la fin, ils l'ont attrapé?

Charley le regarde, presque gravement, et puis il balance la tête avec un sourire tranquille.

Charley. Non. Mon grand-père lui avait appris trop de choses.

Tony vient vers lui, traînant les pieds, et il se laisse tomber près de la fenêtre.

Charley. Pourquoi tu es revenu ?

Tony ouvre les mains.

Tony. Pour te rapporter tes billes.

Charley voit qu'il est blessé.

Charley. Je te les joue.

Il attrape le petit sac de toile dans le lit-cage et verse par terre les billes qui lui restent, à côté de celles de Tony. Il se tourne vers la fenêtre.

Charley. On va accueillir beaucoup de monde. Il est temps d'ouvrir la baraque.

Tony regarde par la fenêtre avec lui. Il n'y a pas de policiers en vue. Charley lui désigne un panneau qui est planté à mi-chemin entre l'auberge et le ponton et que recouvre une planche indiquant :

CLOSED — FERMÉ

Charley. Deux billes chaque fois qu'on touche l'enseigne.

Il casse une vitre avec la crosse de la Winchester et tire. Il prend deux billes. Tony casse une autre vitre avec la crosse de son fusil à répétition et tire.

C'est une fusillade instantanée et nourrie à l'extérieur. Toutes les autres vitres de la fenêtre volent en éclats.

Sans s'occuper des policiers, Tony et Charley

continuent de faire feu tour à tour sur le panneau. Charley prend des billes à chaque fois, mais Tony en prend quelques-unes aussi.

Dehors la planche vibre sous les balles. Et tout à coup, elle tombe d'un côté, un clou arraché, et elle découvre l'enseigne de l'auberge.

C'est, peint en couleurs vives, un chat sur un arbre, qui sourit de toutes ses dents. Et on peut lire au-dessous :

THE CHESHIRE CAT INN[1]

Des policiers, courbés en deux, courent vers la véranda.

A l'intérieur de la chambre, se regardant avec un sourire chaque fois qu'ils gagnent, Charley et Tony tirent sur l'enseigne, de plus en plus vite, pour des billes, pour quelque chose qui, lorsqu'on est *adulte*, n'a plus de nom.

Et alors, pour la dernière fois, on est à Marseille, en haut de cette ruelle en escalier où tout a commencé.

Le soleil du crépuscule éclaire encore les vieux murs patinés.

Le gamin au canif rouge et Titou, dans sa veste de velours prune, se serrent la main et se séparent pour rentrer chez eux.

Ils ont bien joué, ils sont devenus amis et ils ont du mal à se quitter. De loin, ils se lancent, en levant le bras, des au revoir emplis de regret.

Ils se disent qu'ils joueront encore, à demain, d'accord, des choses comme ça.

1. L'Auberge du chat de Chester.

Et puis le petit Titou descend en courant les escaliers, se retourne malgré lui, en bas, pour voir que son ami a disparu.

Et disparaît.

DU MÊME AUTEUR

Aux Éditions Denoël

COMPARTIMENT TUEURS (*Folio n° 563 et Folio Policier n° 67*)

PIÈGE POUR CENDRILLON (*Folio n° 216 et Folio Policier n° 73*)

LA DAME DANS L'AUTO AVEC DES LUNETTES ET UN FUSIL (*Folio n° 1223 et Folio Policier n° 43*)

L'ÉTÉ MEURTRIER (*Folio n° 1296 et Folio Policier n° 20*)

LA PASSION DES FEMMES (*Folio n° 1950*)

UN LONG DIMANCHE DE FIANÇAILLES (*Folio n° 2491*)

LES MAL PARTIS (*Folio n° 3536*)

VISAGES DE L'AMOUR ET DE LA HAINE (*Folio n° 2091*)

Écrit pour l'écran

ADIEU L'AMI (*Folio n° 1777 et Folio Policier n° 170*)

LA COURSE DU LIÈVRE À TRAVERS LES CHAMPS (*Folio n° 2606 et Folio Policier n° 21*)

LE PASSAGER DE LA PLUIE

En un volume aux Éditions Denoël/Robert Laffont

ÉCRITS PAR JEAN-BAPTISTE ROSSI

Impression Bussière Camedan Imprimeries
à Saint-Amand (Cher),
le 4 février 2004.
Dépôt légal : février 2004.
1ᵉʳ dépôt légal dans la collection : août 1986.
Numéro d'imprimeur : 040465/1.

ISBN 2-07-037781-4./Imprimé en France.
Précédemment publié par les éditions Denoël.
ISBN 2-207-21779-5.